현장 및 예비 영어교사의 평가 기술 향상을 위한 책

영어 평가의 이해

김성애 지음

영어 평가의 이해

© 김성애, 2014

1판 1쇄 인쇄_2014년 12월 10일
1판 1쇄 발행_2014년 12월 20일

지은이_김성애
펴낸이_홍정표
펴낸곳_글로벌콘텐츠
　　　　등록_제25100-2008-24호
　　　　이메일_edit@gcbook.co.kr

공급처_(주)글로벌콘텐츠출판그룹
　　　　대표_홍정표
　　　　이사_양정섭
　　　　편집_노경민 김현열 김다솜　디자인_김미미　기획·마케팅_이용기　경영지원_안선영
　　　　주소_서울특별시 강동구 천중로 196 정일빌딩 401호
　　　　전화_02-488-3280　팩스_02-488-3281
　　　　홈페이지_http://www.gcbook.co.kr

값 12,000원
ISBN 979-11-85650-69-2 93740

영어 평가의

이해

김성애 지음

글로벌콘텐츠

지난 수십 년간 언어 교수 분야에서 큰 관심을 끈 분야 중 하나가 학습자의 의사소통능력을 어떻게 하면 보다 잘 개발하고 또한 제대로 평가할 수 있을 것인가 하는 것이었다. 이에 따라 오늘날 대부분 외국어 프로그램의 공통된 목표 중 하나도 학습자의 목표언어 능숙도를 향상시키는 것이 되었다.

외국어 능숙도는 상황 속에서의 자연스런 언어 사용을 통해서 가장 잘 발달이 되며 또한 그렇게 평가되어야 한다는 주장이 계속되어 왔다(Wesche, 1981). 상황 속에서의 자연스런 언어 사용이란 학습자가 주어진 상황에서 목표언어로 적절하고 의미 있는 의사소통에 참여한다는 것을 의미한다(Brown, 1994). 하지만 불행하게도 외국어로서의 언어를 가르치는 많은 상황에서는 목표언어로 의사소통할 수 있는 능력을 기르고자 하는 교육목표에도 불구하고, 실제 언어 교수와 평가에서는 그러한 목표 달성을 위해 필요한 것을 제대로 실천하지 못하고 있는 것이 현실이다. 교육목표와 실천 사이의 이러한 괴리는 외국어로서의 학습 상황에 존재하는 여러 가지 한계점들에 주로 그 원인이 있다고 할 수 있을 것이다. 하지만 한계가 있다고 해서 상황을 개선하고자 하는 노력의 부족 자체를 정당화할 수는 없을 것이다.

평가는 교수의 한 도구이며, 교육에서 평가가 주요 역할을 담당하고 있다는 것은 주지의 사실이다. 평가는 교수와 학습을 반영하며 또한 그것들에 영향을 미칠 뿐만 아니라 측정하고자 하는 능력 이상의 것, 예를 들면 학습자의 학습동기와 학습 습관, 그리고 노력 등과 같은 부분에도 영향을 미친다(Shohamy, 1982). 더구나 평가가 현재의 교수, 학습뿐만 아니라 학생들의 미래에까지도 영향을 미친다는 사실을 고려한다면 우리의 교수 목표와 원칙뿐만 아니라 학교 현장의 교수 방향을 이끌 수 있는 좋은 평가 방법을 개발한다는 것은 매우 중요하며 또한 시급한 사안일 것이다.

이 책은 현장 및 예비 영어교사들의 언어 평가에 대한 이해를 돕고 그들의 평가 문항 작성 기술을 향상시키는 데 그 목적이 있다. 평가가 학생들의 학습 방향과 학습 습관에 미치는 지대한 영향을 고려할 때 평가에 대한 올바른 이해와 평가를 위한 전문적 기술을 갖추는 것은 교사로서는 필수적인 일일 것이다. 이 책이 현장 영어교사들이나 예비 영어교사들이 갖추어야 할 평가에 대한 이론적 지식과 실천적 기술을 갖추고 연마하는 데 도움이 될 수 있기를 바라는 마음이다.

목 차

제8장 평가 척도 ... 119

제9장 문항 분석과 해석 ... 129

제10장 언어기능별 평가 ... 137

제11장 교사들이 개발한 객관식 평가 문항의 오류 분석 ... 169

제1장

배경 지식

1.1 커리큘럼 개발과 평가

'평가'의 사전적 의미는 "사람이나 사물의 가치나 수준 등을 일정한 기준에 의해 따져 매기는 것"이다. 교육에서의 평가는 성공적인 교수와 학습의 잣대이며 커리큘럼 개발 단계에서는 마지막 완성 단계에 해당한다. 커리큘럼 개발을 크게 다섯 단계로 나눈다면 먼저 첫 단계에서는 학습자들이 무엇을 필요로 하는가를 분석하고(need analysis), 둘째 단계에서는 그 필요에 맞춰 목표 설정(goal setting)을 한다. 다음으로 셋째 단계에서는 그 목표를 성취하기 위해서 무슨 내용을 가르쳐야 할 것인가를 정하고(syllabus design), 넷째 단계에서는 그 내용을 어떻게 가르칠 것인가의 방법론(methodology)을 고민해야 한다. 그리하여 가르치는 것이 모두 끝나고 나면 마지막 단계인 다섯째 단계에서는 가르친 내용이 과연 제대로 학습되었는지를 평가해야 한다. 이 평가 단계는 그 앞 단계들이 제대로 되었는지 학생들의 성취를 통해 확인하는 마지막 단계임에도 불구하고 현실적으로는 거꾸로 이 마지막 단계로 인하여 앞 단계들이 좌우되는 현상이 벌어지기도 한다.

1.2 의사소통중심 수업과 평가

학생들의 의사소통능력을 기르는 오늘날의 영어교육목표 아래 무엇을 어떻게 가르칠 것인가에 대한 논의가 그동안 활발하게 진행되어 왔고 또한 효과적인 교수를 위한 다양한 자료들이 제시되어 왔다. 하지만 그러한 활발한 논의와 효과적 교수를 위한 도움에도 불구하고 의사소통중심 교수법이 강조되는 상황하에서 그동안 교사와 학생들이 실제 교실에서 무엇을 가르치고 배워왔는지에 대한 논의는 그다지 진지하게 이루어지지 못한 것이 사실이다. 이렇게 이 분야에 대한 논의가 부족한 것은 의사소통능력이라는 개념 자체가 명확하지 않을 뿐만 아니라 그런 능력을 평가하는 것 또한 쉽지 않기 때문인 것이 아마도 가장 큰 이유일 것이다. 하지만 이러한 어려움에도 불구하고 평가가 근본적으로 전문적 판단의 한 과정이라는 것을 부인할 수는 없다(McMillan, 2002). 따라서 우리가 기르고자 하는 학생들의 능력을 타당하고 객관적이며 실용적인 방법으로 측정할 수 있는 도구 없이는 완성된 교수라고 할 수도 없을 것이다. 이런 점에서 교육 당국은 평가의 중요한 역할을 인지하고 학생과 교사 모두 평가로부터 최대한의 것을 거둘 수 있도록 최선의 노력을 다 해야 할 것이다.

평가는 학습과 교수에 긍정적이거나 부정적인 영향을 줄 수 있다(Heaton, 1990). 그러므로 평가로부터 긍정적인 환류효과(= 세환효과, backwash)—평가가 교수와 학습에 미치는 영향—를 얻기 위해서는 교육목표에 맞는 타당한 평가로써 학생들의 능력을 측정할 수 있어야 할 것이다. 특히 평가가 모든 것을 좌우할 정도로 환류효과가 지나치게 강하며, 영어를 제2언어가 아닌 외국어로서 가르치고 배우는 한국과 같은 EFL 교수/학습 상황에서는 교사의 주요 역할 중 하나가 평가를 통해 측정하고자 하는 학생들의 능력을 제대로 측정하는 것이다. 하지만 학생 수도 많고 그 학생들을 가르치는 교사의 목표언어 능숙도 자체에 한계가 있는 많은 EFL 교실 상황에서는 학생들의 의사소통능력을 효과적으로 기르거나 측정하는 일이 결코 쉬운 일은 아니다(Kirschner, Spector-Cohen, & Wexler, 1996). 그럼에도 불구하고 평가가 심사숙고를 통해 잘 만들어진 것이라면 학생들 능력 측정뿐만 아니라 언어 교수 자체에 대해서도 많은 정보를 제공해준다는 사실은 명백한 일이며(Liskin-Gasparo, 1984), 따라서 평가는 학생들의 언어 학습 과정에 대한 교사들의 이해와 또한 학생들에 대한 도움 제공을 용이하게 해줄 수 있다.

1.3 전통적 평가와 대안 평가

전통적 평가는 지필고사로서 수험자가 지식을 얼마나 많이 갖고 있느냐를 평가하며, 표준화, 효율성, 비용적인 면에서의 경제성, 객관성, 기계 채점 가능성 등을 평가의 유용성에 대한 판단 기준으로 삼는다. 하지만 이러한 전통적 평가는 새로운 교수·학습 이론의 대두로 인하여 그 체재의 재구조화가 필요하게 되었다. 즉, 새로운 교수·학습 이론의 대두는 학습자들의 인지 구조 안에 중요한 정보들이 어떻게 조직되며 이러한 정보가 주어진 문제 해결을 위해 어떻게 활용되는가를 측정할 수 있는 평가를 요구하게 되었다. 이러한 요구는 1980년대 미국과 영국 등 선진 국가들에서 세계화(globalization)에 대처하기 위한 교육 혁신의 한 부분이 되어 평가 방식의 과감한 개혁으로 이어졌다. 이는 전통적 평가 방식을 대처하는 대안 평가 방식으로서의 수행 평가의 개발로 이어지게 되었다. 대안 평가는 전통적 평가의 판단 기준에 얽매이지 않는 제반 노력으로 구성되며(Huerta-Macías, 2002). 다음과 같이 전통적 평가와 다른 특성들을 가지고 있다.

첫째, 대안 평가는 학생들로 하여금 실제로 할 수 있다는 것을 보여주도록 요구한다는 점에서 전통적인 평가와 다르다. 전통적인 평가에서는 학생들이 해당 분야에 대해 얼마나 많이 알고 있는지를 측정하는 것이 평가의 목적이나. 하시만 그것은 지식(knowledge) 평가에 불과하며, 안다는 것과 실제 할 줄 아는 것은 다르다. 영어 지필고사에서 높은 점수를 받은 학생이 반드시 실제 영어를 잘하는 것이 아닌 것과 마찬가지이다.

둘째, 학생들은 배운 것을 기억해서 재생산하는 것을 요구하는 전통적인 평가와는 달리 대안 평가에서는 자신이 알고 있는 것을 통합하여 새롭게 생산해내는 능력으로 평가를 받는다. 전통적인 평가에서 학생들은 배운 내용을 열심히 암기하여 기억해내면 되지만, 대안 평가에서 학생들은 배운 것을 바탕으로 새로운 것을 창조해낼 수 있어야 한다.

셋째, 대안 평가에서는 일상생활의 활동들이 평가의 바탕이 된다는 점에서 전통적인 평가와 다르다. 전통적인 평가는 모든 학생들에게 일률적으로 가르친 내용을 위주로 교사가 평가 문항을 만들고 학생들에게 같은 문제를 풀고 같은 답을 요구하는 반면, 대안 평가에서는 주어진 문제에 대한 개인 학생들의 응답 방식도 다양하게 다를 수 있다.

넷째, 대안 평가에서는 학생들에게 자율성이 많이 보장되기 때문에 전통적인 평가에서보다 학생 개개인의 장단점이나 취향 등에 대해 보다 상세한 정보를 얻을 수 있다.

다섯째, 전통적인 평가에서는 양적인 평가에 초점을 맞추는 반면,

대안 평가에서는 질적인 평가에 초점을 맞춘다. 다시 말해 상대평가인 전통적 평가에서는 문항 당 점수를 배점하여 총 맞은 문항에 대해 점수를 부여하고 다른 학생의 점수와 비교하여 등수를 매기는 반면, 대안 평가에서는 학생 개개인의 성취 수준을 절대평가하는 질적 평가에 초점을 맞춘다.

여섯째, 대안 평가에서는 보다 실제성(authentic)이 있는 환경에서 학생들의 수행을 평가한다는 점에서 종이와 연필을 사용하는 지필고사를 통하여 지식 평가에 초점을 맞추는 전통적인 평가와는 다르다.

위에 기술한 바와 같이 전통적인 평가와 많이 다른 대안 평가는 그 종류도 매우 다양하다. 예를 들면, 자기평가, 동료평가, 포트폴리오평가, 쓰기표본에 의한 평가(예: 일지, 저널, 사적 기록 등), 구두평가, 프로젝트평가, 역할놀이, 스토리 또는 텍스트 다시 말하기, 토론, 실연, 교사관찰 등이 있는데, 이러한 평가들 또한 문제점이 없는 것은 아니다. 학자들이 그토록 대안 평가에 대해 목소리를 높여왔음에도 불구하고 현재 학교 현장에서 대안 평가가 전통적인 평가에 비해 널리 쓰이고 있지 못한 것으로 보아도 그럴 수밖에 없는 문제가 있음을 짐작할 수 있을 것이다. 대안 평가의 문제점은 크게 신뢰도(reliability) 문제, 평가 실시(administration) 상의 문제, 그리고 비용의 효율성(cost effectiveness) 문제로 요약될 수 있을 것이다. 이러한 문제들에 대한 구체적 설명은 뒤에서 상세히 제공하기로 한다.

1.4 평가 관련 용어 해석

우리말에서는 '평가'라는 용어를 공통으로 사용하는 경우가 많지만 영어에서는 우리말에서 '평가'로 해석되는 여러 가지 용어들이 있고 대개 이들 용어들을 구분 없이 쓰는 경우도 많지만, 용어들 간에 서로 다소의 의미 차이도 있으므로 여기서 잠깐 살펴보기로 하겠다.

1) 측정(Measurement)

우리말로 '측정'이라고 불리는 'Measurement'는 명시적인 과정이나 규칙에 따라 사람이나 사물이 지닌 특성을 수치화하는 과정을 의미한다. 측정의 대상은 눈으로 확인이 가능한 경우도 있고 그렇지 않은 경우도 있다. 가령 키나 몸무게를 잴 때는 모두가 인정하는 절대적이고 객관적인 척도인 자나 저울로써 측정을 하는데, 이때 우리는 척도의 눈금을 눈으로 확인할 수 있다. 반면에 흥미도를 측정한다고 할 경우에는 흥미도는 눈에 보이지 않으므로 간접적으로 측정할 수밖에 없다. 이에 간접적인 측정도구로서 설문지를 통해 흥미도 조사를 한다고 가정하자. 각 문항에 대한 설문조사 대상자들의 응답을 보고 그들의 흥미도를 간접적으로 측정하게 되는데, 이때 쓰이는 문항들은 얼마든지 다양하게 작성할 수 있고 따라서 자나 저울처럼 모두가 인정하는 절대적이고 객관적인 척도는 존재하지 않는다.

학생들의 영어 능력을 평가하기 위해서는 그들이 가진 능력을 측정하는 것이 필요하다. 이런 이유 때문에 아마도 평가와 측정을 구분하지 않고 쓰는 사람들이 있는 것 같다.

2) 테스트(Test)

테스트 혹은 흔히들 시험 또는 검사라고 부르는 이 측정도구는 개인의 행위에 대한 특정한 표본을 이끌어내기 위하여 디자인된 여러 측성노구 형태 중의 하나이다. 테스트가 다른 측정도구들과 구분되는 점은 테스트는 특정한 행위의 표본(sample)을 얻도록 디자인된다는 점이다. 다시 말해서 테스트는 행위의 표본을 측정하기 위한 체계적인 과정이라고 할 수 있다. 여기서 '체계적(systematic)'이라는 말은 어떤 원칙에 따라 만들어진 문항을 선택한다는 의미이며, 또한 '표본(sample)'이라는 말은 제한된 시간 내에 치르는 테스트에서 개인의 언어 행위를 모두 다 측정할 수는 없기 때문에 일부를 선택할 수밖에 없음을 의미한다. 예를 들어 어떤 쓰기 테스트에서 학생들이 접하는 문제는 대개 어떤 주제 또는 제목을 하나 주고 그에 대해 자신의 생각이나 견해, 경험 등에 대해 쓰는 것이다. 여기서 주어진 시간 안에 사람들이 쓸 수 있는 양은 자신이 가진 전체 능력에 비해 극히 제한적이다. 하지만 이런 제한적인 쓰기 결과물을 바탕으로 우리는 그 사람의 전체 쓰기 능력을 측정하고자 한다.

3) 어세스먼트(Assessment)

어세스먼트란 뜻의 평가는 종종 테스트라는 용어와 구분 없이 혼용되기도 하지만, 테스트에 비해 일반적으로 어세스먼트는 평가를 목적으로 인터뷰, 사례 연구, 설문조사, 관찰 기법 등과 같은 도구를 이용하여 언어 자료를 모으는 것을 뜻하는 경우가 많다. 이 언어 자료에는 물론 테스트 결과도 포함된다. 따라서 테스트에 비해 어세스먼트는 보다 포괄적인 데이터에 바탕을 두고 평가하는 것을 의미한다. 교사가 학생의 능력을 평가(assess)할 수 있는 방법에는 꼭 지필고사를 이용한 테스트 즉, 시험을 통해서가 아니더라도 위에 언급한 것과 같은 보다 다양한 방법들이 있다.

4) 이벨류에이션(Evaluation)

이벨류에이션이란 뜻의 평가란 어떤 결정을 내릴 목적으로 체계적인 정보를 수집하는 것을 의미한다. 예를 들어 학교 평가를 실시했을 때에는 그 결과를 바탕으로 어떤 결정을 내리는 것을 말하는데, 예를 들면 이 학교는 어떤 점에서 장학 지도가 필요하다든가, 예산 지원을 계속할 것인가 말 것인가를 결정하기 위해 학교 평가를 실시하는 것 등이 여기에 해당한다.

이상에서 우리말로는 종종 '평가'라는 하나의 용어로 번역되는 평가 관련 영어 용어들에 대해 살펴보았다. 주지하다시피 요즘 학교에서는 그동안 지필고사로만 학생들의 능력을 평가하던 방법에서 벗어나 수행 평가 등 보다 다양한 방법으로 학생들의 능력을 평가하고자 노력한다는 점에서 예전과는 달라졌다고 하겠다.

제2장

언어 평가의 역사

이 장에서는 오늘날의 언어 평가를 이해하기 위해서 그동안의 평가 역사에 대해 간단히 살펴보도록 하겠다. 구체적으로 네 단계로 나누어 각 시기별로 평가 방법의 바탕이 되는 가설과 함께 등장한 구체적 평가 방법을 소개하도록 한다.

2.1 과학적 연구 이전의 시기(Pre-scientific period: ~ 1950s)

이 시기에는 언어 교수에 있어서 문법-번역 중심의 교수법이 사용되던 시기인 만큼 평가에 있어서도 그 교수법과 맥락을 같이 하는 테크닉이 사용되었다. 말하자면 학생들의 단어 및 문법 지식을 동원한 문장 해석능력을 언어능력 평가의 대상으로 삼았다. 따라서 평가에서 학생들은 문법 사항에 대한 지식이나 목표언어의 문장 구조에 대한 지식을 측정하는 문항에 답을 하도록 되어 있었다. 하지만 이 시기의 명칭에도 나타나듯이 이 시기에는 평가에 대한 별다른 과학적 연구는 존재하지 않았다.

2.2 심리측정 및 구조주의 시기(Psychometric-Structuralist period: 1950 ~ 1970)

이 시기는 Charles C. Fries나 Robert Lado같은 학자들이 두각을 나타내던 시기로 언어학에서는 구조주의 언어학(structural linguistics) 즉 기술언어학(descriptive linguistics)이 성행하던 시기이며, 심리학에서는 행동주의 심리학(behavioristic psychology)이 대세였던 시기였다. 따라서 언어 학습이론이 근본적으로 언어에 관한 이론인 언어학과 학습에 관한 이론인 심리학에 바탕을 두게 되므로 자연히 언어능력 평가도 이 두 학문에 영향을 받지 않을 수 없었다.

구조주의 언어학 즉 기술언어학에서는 사람들의 발화(utterance)를 집대성하여 그 요소들을 서로 다른 언어적 단계 - 즉, 음소, 형태소, 어휘, 구, 문장의 종류 등으로 분류하고자 하였다. 따라서 이에 영향을 받은 언어능력 평가에서도 자연히 이와 같은 언어적 단계별로 사람들의 능력을 측정하고자 하였다.

한편 행동주의 심리학에서는 언어 학습을 포함한 모든 종류의 인간학습을 자극과 반응의 관계로 설명하였다. B. F. Skinner를 위시한 이시기의 학자들은 언어란 작은 조각들로 이루어져 있고 따라서 언어능력도 작은 부분으로 나눌 수 있는 능력이라고 믿었으며, 또한 인간의 행동을 관찰할 때 겉으로 명백히 드러나는 관찰 가능한 반응에만 초점을 맞추어야 한다고 주장하던 시기였다. 따라서 언어능력을 측정함에 있어서도 언어의 분리적인 측면에 대한 지식을 측정하였다.

언어의 분리 평가에는 다음과 같은 장단점이 있다. 우선 장점으로는 첫째, 쉽게 수량화할 수 있는 자료를 얻을 수 있다는 점이다. 둘째, 다양한 문항 작성이 가능하다는 점이다. 셋째, 객관적인 채점이 가능하다는 점이다. 이는 높은 신뢰도를 확보할 수 있다는 장점이 있다. 하지만 단점 또한 없지 않다. 우선, 언어능력이란 것이 그렇게 완전히 수량화할 수 있는가 하는 문제이다. 또한 언어를 쪼개어서 측정하면 언어의 중요한 특성이 사라진다는 것이다. Oller는 이 점에 대해 "전체는 쪼갠 부분을 합친 것 이상의 것이다(The whole is more than the sum of its parts.)"라고 주장하며 언어는 통합적인 것이므로 언어를 쪼개면 더 이상 언어가 아니라고 주장한 바 있다.

물론 분리 평가에서 초점을 맞추고 있는 언어적 능력(linguistic competence)을 평가하는 것이 필요 없는 것은 아니다. 다만 그런 능력에 대한 평가는 언어 능숙도를 측정하는 데 필요한 조건(necessary condition)이긴 하지만 충분한 조건(sufficient condition)은 되지 못한다는 것이 이 시기의 평가 방법에 반기를 드는 학자들의 주장이다. 그들에 의하면 언어 능숙도를 제대로 평가하기 위해서는 이러한 언어적 능력만 측정할 것이 아니라, 분리적 요소들이 통합되어 무한정한 문법적 문장을 생성해내고 특정한 상황에 맞는 문장을 선택하는 데 필요한 언어 규칙과 과정을 적용하는 능력을 테스트해야 한다는 것이다(Morrow, 1979).

2.3 심리언어학적(= 통합적)-사회언어학적 시기(The Psychol-inguistic(= Integrative)-Sociolinguistic period(1970s ~)

분리 테스트가 언어 능숙도를 충분히 측정할 수 없다는 인식이 늘어나면서 새로운 시대가 열리게 되는데, 바로 심리언어학적-사회언어학적 시기(psycholinguistic-sociolinguistic era)로서, 1970년대의 포괄적 평가(global test)에 대한 선호로 이어지게 되었다. 이 시기의 접근법은 앞선 시기의 분리 평가를 뒷받침하고 있던 분리 가설(Divisibility hypothesis)과는 여러 가지 면에서 반대의 견해에 바탕을 두고 있다. 이 시기의 대표적 학자인 Oller(1979, 1980)는 언어 능숙도를 측정하는 데 있어서 기존의 분리 테스트 대신 클로즈테스트(cloze test)나 받아쓰기(dictation)와 같은 "포괄적이고 통합적인(global integrative)" 테스트를 사용할 것을 강조하였으며, 따라서 종종 이 시기를 "통합 테스트 시대(the age of integrative tests)"라고 부르기도 한다.

언어 학습(또는 사용)에 대한 1970년대의 견해는 언어능력을 합치면 전체가 된다는 수학적인 관점으로 바라보았고, 따라서 언어능력 평가도 언어의 각 부분에 대한 지식을 측정하는 분리 평가(discrete-point test)였다. 하지만 1970년대 이후로는 이러한 구조주의 접근법에 바탕을 둔 분리 평가에서 벗어나 언어를 보다 역동적이고 또한 고도로 복잡한 과정으로 간주하였다. 이 시기의 대표적인 학자인 Oller는 이전의 분리 평가는 언어능력의 제한적인 부분밖에 측정할 수 없으며, 따라서 개인의 언어능력을 제대로 측정하기 위해서는 클로즈테스트나 받아쓰기, 작문과 같은 보다 포괄적이고(global) 통합적인(integrative) 평가가 필요하다고 역설하였다. 그는 언어능력은 쪼갤 수 없는 능력이라고 주장하는 '단일능력 가설(Unitary Competence hypothesis)'을 내세웠으며, 모든 언어 기술에 기저로 하는 한 가지 주요한 일반 요소가 있다고 주장하였으며, 이를 가리켜 "General Language Proficiency(GLP)"라고 명명하였다.

이 70년대 시기에는 커리큘럼 디자인에 있어서도 이전의 문법 또는 구조중심 접근법(grammatical or structural approach)에서 벗어나 언어의 기능과 의미를 강조하는 functional-notional approach가 등장하게 되었는데, 이는 사람들 사이에서 언어를 사용할 때 그 언어가 갖는 기능

(function)과 언어를 사용하는 사람이 전달하고자 하는 의미 즉 개념 (notion)을 위주로 커리큘럼을 구성해야 한다는 뜻이다.

Oller가 주장하는 통합 테스트는 한정된 언어능력만을 측정하는 기존의 분리 평가와는 달리, 실제 언어 사용에 보다 접근하는 방식으로 언어 기술들을 통합하는 능력을 측정할 수 있다고 한다. 하지만 그의 이러한 주장도 많은 학자들에 의해 비판을 받게 되는데, 그 이유는 그가 주장하는 클로즈테스트나 받아쓰기, 작문과 같은 통합 평가들도 결국은 실제 수행하는 능력이 아니라 수행에 기저 하는 능력을 측정할 수 있을 뿐이라는 것이다. 다시 말해서 그런 평가들도 근본적으로는 실제 상황에서 언어 체계를 작동하는 능력 즉, 수행(performance)을 측정한다기보다는 언어 체계에 대한 지식 즉, 능력(competence)을 측정할 수 있을 뿐이라는 것이다. 그리하여 Oller가 내세운 가설인 언어능력이란 여러 가지 구성요소로 이루어져 있으며 모든 언어 기술에 기저 하는 하나의 공통된 언어 능숙도(GLP: General Language Proficiency)의 존재에 대한 주장은 힘을 잃게 되었으며, 1983년에는 마침내 핵심 주창자인 Oller 자신에 의해 그러한 주장이 폐기되었다(Oller, 1983).

이 70년대에 강조되었던 클로즈테스트(cloze test)나 받아쓰기(dictation), 작문(composition)과 같은 형태의 평가가 이전의 분리 평가에 비해 보다 전체적이고 통합적인 것은 사실이지만 문제는 이들 테스트 역시 간접(indirect) 평가로서 개인의 실제 의사소통능력에 대해 직접 말해줄 수 있는 것은 아무 것도 없다는 점이다. 다시 말해 의사소통능력은 클로즈테스트나 받아쓰기 등과 같은 지필고사로는 제대로 측정을 할 수 없다는 점이다. 더구나 언어의 통합적인 면을 강조한 이 시기에도 언어능력을 분리할 수 있다는 가설을 뒷받침하는 증거들이 속속 등장함으로써 심리언어학적(= 통합적)-사회언어학적 시기도 서서히 막을 내리고 의사소통을 강조하는 다음 시기가 도래하게 된다.

2.4 의사소통중심 패러다임(The Communicative Paradigm)

Bachman(1991)이 지적하듯이 1980년대 언어 평가 분야에서 일어난 발전 중의 하나가 바로 의사소통중심 언어 교수를 반영하는 의사소통중심 언어 평가의 등장이다. 1980년대 이후에 해당하는 이 시기에는 언어능력이 통합적인 것은 틀림없지만 언어능력을 결코 쪼갤 수 없다고 생각하지는 않는다는 점에서 70년대와 언어능력에 대한 가설이 다르다. 엄밀히 말하자면 80년대에는 70년대 이전의 분리 가설(Divisibility hypothesis)과 70년대의 통합적능력 가설(Unitary Competence hypothesis)의 일부를 각각 인정하는 시기라고 할 수 있는데, 80년대 이후부터 오늘날까지 줄곧 이 가설은 그대로 받아들여지고 있다. 일부 학자들은 언어능력을 쪼갤 수 있다는 관점에서 '분리 가설'이라는 용어를 다시 쓰기도 하지만, 이 분리 가설은 70년대 이전에 사용되던 용어와는 달리 언어의 통합적인 부분도 인정을 하기 때문에 부분적 분리 가설(Partial Divisibility hypothesis)이라고 일컬어지는 경우가 많다.

언어의 분리적이고 개별적인 요소를 측정하는 것을 지양하고 통합적인 방법으로 언어능력을 측정하고자 하는 면에서는 1980년대 후의 의사소통중심 패러다임도 1970년대와 다를 바가 없다. 하지만 70년대와는 달리 간접 평가인 지필고사를 지양하고, 실제 언어 사용 상황에서 수행하는 능력을 강조하였으며, 따라서 언어능력 측정에 있어서도 과제 수행을 통한 수행 평가(performance test)를 강조하였다.

의사소통능력 평가에서 수험자가 수행해야 할 과제는 실제 상황에서 수험생들이 마주칠 수 있는 종류의 과제들을 대표할 수 있는 것이어야 한다고 학자들은 주장한다. 하지만 문제는 이 수행과제라는 것이 일반화하기가 어렵다는 점이다. 과연 평가에서 어떤 과제로 측정을 해야 수험생들의 의사소통능력을 제대로 측정할 수 있을 것이냐가 문제이다.

제3장

평가의 종류

평가의 종류는 평가 목적과 평가 방법, 그리고 응답 방식에 따라 분류하는 방법이 다르다. 이 장에서는 여러 분류 방법에 따른 평가의 종류에 대해 살펴보고자 한다.

3.1 평가 목적에 따른 분류

평가 목적에 따른 평가의 종류는 대표적으로 다음 다섯 가지가 있다.

1) 능숙도 평가

언어 능숙도(또는 숙달도) 평가(proficiency tests)는 평가 내용과 범위가 교실 밖에 존재하는 실제 언어 상황에서 일어날 수 있는 일에 대한 것이다. 따라서 이 평가에서는 수험자가 어떤 방법으로 목표언어를 배웠는지에 대해서는 관심이 없고 대신 현재 시점에서 얼마나 목표 언어를 잘 구사할 수 있느냐에 초점이 맞추어진다. 따라서 언어 기술 이나 능력에 대한 평가의 범위가 대체로 넓다. 이런 평가는 주로 학교보다는 회사에서 신입사원을 채용할 때 지원자들을 대상으로 실시하는 평가이다. 회사로서는 그 지원자가 어떤 방법으로 목표언어를 배웠건 상관없이 현재 목표언어를 잘 구사하는 지원자를 선발하기만 하면 된다. 또한 회사의 경우 학교와는 달리 앞으로 교육을 어떻게 할 것인가에 대한 계획을 위해 평가 결과를 숙고할 필요도 없다.

2) 성취도 평가

성취도 평가(achievement tests)는 교실에서 가르친 내용에 대해서만 학습자를 평가한다. 학교 교육이 중시되는 상황에서의 평가는 바로 이와 같은 성취도 평가이어야 할 것이다. 만약 학교에서 배운 내용과 관련 없는 평가가 이루어진다면 학생들은 학교 교육을 무시할 가능성이 높다. 성취도 평가의 결과는 학생들에게 학점을 부여하거나 배치를 할 때, 학생들의 취약한 부분을 찾아낼 때, 또한 교수 자료를 준비하고자 할 때 사용된다. 오늘날 학교 영어교육의 목표가 학생들의 의사소통능력을 기르는 데 있다면 교사들의 의무는 학생들이 학교 교육을 충실히 받았을 때 언어 능숙도 또한 함께 발달되도록 만드는 일일 것이다. 따라서 실제 상황에서는 쓰이지도 않는 언어 지식을 묻는 문제 등은 더 이상 성취도 평가에도 포함되어서는 안 될 것이다. 다시 말해서 성취도 평가를 위한 시험도 학생들의 언어 능숙도 개발을 염두에 두고 출제되어야 할 것이다. Pino(1989)는 이 점을 강조하여 'proficiency test'와 'achievement test'라는 두 단어를 합성하여 'prochievement test'라는 용어를 사용하기도 하였다.

3) 진단 평가

진단 평가(Diagnostic tests)는 말 그대로 학생들의 강점과 약점을 알아내기 위해 실시하는 평가이다. 그리하여 어떤 부분에 보다 많은 지도가 필요한지 가려내고자 하는 의도를 가진 평가이다. 학생들의 강점과 약점을 알아내기 위해서는 분야별, 지식 항목별로 하나하나 점검하는 것이 필요하므로 이럴 때는 분리 평가로서 객관식 문항으로 출제를 하는 것이 필요하다. 주관식 수행 평가를 실시했을 경우, 학생의 장점과 단점을 하나하나 가려내기란 어렵기 때문이다.

4) 배치 평가

배치 평가(Placement tests)는 학생들을 각각의 수준에 맞는 교실에 배치하기 위함이 그 목적이다. 학생들의 배치를 위한 별도의 평가 방법이 있는 게 아니라, 주로 성취도 평가나 능숙도 평가 결과를 이용한다. 요즘 각 학교에서 수준별 수업을 많이 실시하는데, 학생들을 상·중·하 세 집단으로 나누기 위해 성취도 평가인 학교 기말시험 결과를 사용한다면 그것이 바로 배치 평가에 해당된다. 마찬가지로 어떤 영어 프로그램에서 학생들을 영어 능력에 따라 상·중·하로 나누기 위해서 토익 성적을 사용했다면 토익시험이 배치 평가로 사용된 경우이다.

5) 적성 평가(Aptitude tests = prognostic or predictive tests)

적성 평가(aptitude tests)는 예측 평가(= prognostic or predictive tests)라고도

하는데, 한 수험생이 특정 교수 프로그램에 들어왔을 때나 특정 직장에 취직했을 때 잘 해 나갈 수 있는지를 예측하기 위해 사용된다. 즉, 그 분야에 적성을 가지고 있는지를 보고자 하는 평가이다.

3.2 평가 방법에 따른 분류

1) 직접 평가와 간접 평가

직접 평가(direct testing)는 수험자가 측정하고자 하는 특정 능력을 직접 행함으로써 직접 보여주게 하는 평가이다. 요즘 많이 강조되는 수행 평가도 바로 이 직접 평가에 해당한다. 반면에 간접 평가(indirect testing)는 직접 행하는 것이 아니라 주로 종이와 연필로 간접적으로 그 수험생이 가진 능력을 보여주는 것을 말하는데, 전통적인 평가가 바로 이 간접 평가에 해당한다. 직접 평가에 비해 간접 평가는 실시 상 여러 모로 편리하다는 장점이 있지만, 직접 평가에서 보여줄 수 있는 실제 수행 능력에 대해서는 정보를 제공하지 못하며, 지식 측정에서 벗어나지 못하는 단점이 있다.

대개의 언어능력 평가는 상황 속에서의 자연스러운 언어 사용과 부자연스럽고 인위적으로 만든 언어 사용이라는 연장선상의 어딘가에 위치한다고 보면 된다. 많은 학자들이 의사소통능력을 제대로 평가하기 위해서는 직접적이고 자연스런 언어 사용을 강조하지만, 실제로 어떤 평가가 더 유용한 평가인가라는 판단은 직접적이고 자연스런 평가인지 아닌지에만 의존할 것이 아니라, 다른 여러 가지 기준도 함께 고려해야 한다. 상황에 따라서는 비용 효율성(cost efficiency), 채점 결과의 신뢰성(reliability), 또는 예측타당도(predictive validity)가 있는지 등의 기준이 언어의 직접성이나 자연스러움보다 더 중요한 고려 사항일 수 있다.

2) 분리 평가와 통합 평가

(1) 분리 평가

평가에서 분리 평가(discrete-point tests)라 함은 일반적으로 객관식 문항을 포함한 평가를 의미한다. 하지만 객관식 평가 문항이라고 해서 항상 단편적인 언어 지식만을 측정하는 문항으로 생각해서는 안 된다. 객관식 문항도 매우 통합적인 지식을 요구하는 문항이 얼마든지 있기 때문이다. 따라서 분리 평가를 두 가지 차원에서 생각할 필요가 있다. 하나는 과제(task) 면에서 분리적인 언어 지식(discrete linguistic knowledge)을 측정하고자 하는 문항을 일컫는 표현이고, 다른 하나는 응답 방식(response mode)에 있어서 분리적인 응답(discrete point response)을 일컫는 말이다(〈부록 A〉참조). 어쨌든 이러한 분리 평가에서는 특정한 정보를 찾고자 하는 것이 목표이며, 한 가지 언어 형태에 대한 지식을 묻는 경우가 많으며, 진단적인 목적으로 수험자의 수준에 상관없이 사용할 수 있고 무엇보다 객관적이고 효율적인 채점이 가능하다는 장점이 있다. 하지만 이해를 못하고도 정답을 고를 수 있다든가 등 여러 가지 단점 또한 있다. 이러한 단점에도 불구하고 오늘날에도 여전히 가장 널리 많이 쓰이고 있는 평가 형태인 만큼 나중에 좀 더 상세히 다루기로 한다.

(2) 통합 평가

통합 평가(integrative tests)는 전반적인 언어 능숙도 평가(overall proficiency tests)로서 학습자가 실제 언어 상황에서 얼마나 제대로 기능을 발휘할 수 있는지를 측정하고자 한다. 이 평가는 1970년대에 Oller에 의해 소개되었는데, 그에 의하면 언어란 쪼갤 수 없는 통합적인 것이며 따라서 객관식 문항으로 구성된 분리 평가로는 언어능력을 제대로 평가할 수 없다고 것이다. 대신 그는 통합 평가를 강조했는데, 클로즈테스트나 받아쓰기(dictation), 작문(composition) 등이 그 예들이다. 하지만 이 통합 평가는 채점자의 주관이 많이 개입할 수 있기 때문에 앞서 소개한 분리 평가보다 채점에 있어서 논란의 소지가 있다.

3) 규준지향 평가와 준거(목표)지향 평가

(1) 규준지향 평가

상대평가라고도 불리는 규준지향 평가(norm-referenced evaluation)에서는 학생 개인의 성적은 그가 '무엇을 얼마나 성취했는가?'에 의해서가 아니라 '다른 학생에 비해 얼마나 잘했느냐 못했느냐'에 의해 평가된다. 규준지향 평가에 대해 좀 더 설명하기 전에 먼저 규준(norm)의 개념부터 이해하는 것이 필요하다.

규준이라는 개념의 출발은 심리측정에서 개발한 각종 심리검사의 발전과 그 역사를 같이한다. 심리검사에서는 인간의 여러 가지 특성을 측정하기 위하여 그러한 특성을 나타낸다고 생각되는 질문이나 문항, 장면 등을 제작하고 그것을 한 개의 검사로 편집하여 지능검사, 흥미검사, 인성검사, 학력검사, 자아개념검사 등으로 명명하여 인간 행동을 외형적으로 관찰하려는 접근방법을 취하고 있다. 이때 각 검사에서 개인이 받은 원점수(raw score)는 아무런 의미가 없고 해석의 실마리도 제공하지 않는다. 이러한 개인의 점수는 어디에 비추어 볼 때만이 그 의미나 해석이 가능하다. 이때, 비추어 볼 수 있는 자 혹은 기준이 바로 **규준**이다. 예를 들어 지능 검사에서 원점수 45점을 받았는데, 이것을 지능지수라는 규준에 비추어 보니 IQ 120이라면 지능이 평균 지능보다 높다는 해석이 가능하다.

표준화 검사의 경우 이 같은 규준을 제작하기 위해서는 그 검사의 목적에 적절한 모집단을 대표할 수 있다고 판단된 표준집단에게 검사를 실시하여 거기서 얻은 점수분포를 기초로 비교할 수 있는 자, 즉 규준을 제작한다. 이렇게 규준을 제작해 놓으면 다음에 특정 수험자가 이 검사에서 얻은 원점수가 전국의 모집단에 비추어보아 상대적으로 어느 위치에 있는지, 평균을 중심으로 그 위치를 나타낼 수 있다.

그런데 한 개인이 얻은 점수를 표준집단(혹은 규준집단)에 비추어 정확히 어느 위치에 속하는지를 결정하기 위해서는 원점수를 다른 점수로 변환해야 한다. 이것을 변환점수(transformed score)라고 한다. 이렇게 변환점수로 바꾸는 이유는 개인의 점수에 대해 상대적 의미를 갖는 해석을 할 수 있기 위해서이다. 즉, 변환점수는 개인의 점수가 규준에 비추어 정확히 어떤 위치에 있으며, 그것을 측정학적으로 어떻게 해석할 것인가 하는 기초를 제공할 수 있다. 변환점수로 바꾸는 환척 방법은 기본적으로 세 가지로 나눌 수 있다:

① 연령 점수 규준(age score norm)
지능검사와 같이 연령의 발달에 따라 함께 발달하거나 변화하는 현상을 보이는 인간 특성의 심리검사에 사용되는 규준이다. 이는 어떤

검사의 원점수로 각 연령집단별 분포를 낼 때 각 연령집단의 중앙치를 이루는 원점수가 있게 되는데, 이때 중앙치가 되는 원점수를 가지는 집단의 연령을 일컬어 그 원점수를 중앙치로 가지는 집단의 연령 점수라고 한다. 예컨대 한 지능검사에서 10세 아동집단의 원점수 분포의 중앙치가 80점이었다면 10이 이 검사 80점의 연령 점수가 된다. 만약 이 지능 검사에서 8세 아동이 80점을 맞았다면 이 아동의 지능 연령 점수는 10세가 되며 따라서 성장이 빠르다고 해석할 수 있다.

② 백분위점수 규준(percentile score norm)

개인의 원점수가 규준집단에 비춰 보았을 때 아래에서부터 누가해 온 서열이 몇 백분위에 속하는가를 표시하는 규준이다. 계산하기 쉽고 비교적 훈련 없이도 이해하기 쉬운 규준이라서 각종 심리검사, 학업성적검사 등에서 가장 많이 이용된다. 그러나 이 같은 실용성에 비해서 점수단위의 동간성이 없다는 것이 큰 결점이며, 한 개인의 점수가 규준집단의 점수분포에 비추어 보아 어디쯤 위치하는가하는 상대적 위치를 알려줄 뿐, 다른 사람의 점수와 자기의 점수를 양적 절대치로 비교할 수는 없는 결점이 있다.

③ 표준 점수 규준(standard score norm)

규준 중에서 가장 신뢰성이 있고 합리적 타당성을 지닌 규준으로 알려져 있다. 이는 규준집단에서 얻은 점수의 분포를 정상분포곡선의 개념에 비춘 평균(X)과 표준편차 s를 단위(unit)로 하여 나타내는 점수이며, 가장 기본적인 표준 점수는 z-점수이다.

규준지향 평가에서는 만족할만한 성취의 수준이란 시험이 개발되어 시행되고 난 후에 결정된다. 이 평가의 장점은 수험자의 수행 정도를 모집단의 다른 학생들의 그것과 비교하기가 쉽다는 점이다. 반면에 단점은 이런 평가는 모집단의 특성이 변하듯이 규준도 시간에 따라서 변하는 것이므로 규준이 적용되는 그 모집단에게만 가치가 있다는 것이다. 이러한 시험은 특정 학생이 받은 성적이 다른 학생의 성적과 비교되는 것이기 때문에 시험의 보안이 철저히 지켜져야 한다.

이러한 규준지향 평가에는 여러 가지 악영향이 있는데 요약하자면 아래와 같다.

첫째, 한 학생의 성적이 성공, 성취를 의미하기 위해서는 반드시 거기에 대비되는 실패자, 불성취자, 열등자라는 비교집단이 존재해야 된다는 것이 필수조건이다.

둘째, 학생의 실제 학업성취, 성공과 그것을 보상하기 위한 상벌체제 사이에 괴리, 갈등을 야기할 수 있다. 예를 들면 아무리 좋은 성적(예컨대 배워야 할 내용을 다 알아도)을 받더라도 자기보다 1점이라도 더 받은 학생이 있으면 상은 그에게 돌아가고, 또 반대로 배워야 할 내용을 50% 정도 밖에 달성하지 못해도 다른 학생이 그보다 덜 달성하면 그는 승자요, 상을 받을 수 있다.

셋째, 교육목표는 방치해 놓고, 그것의 달성 여부와 관계없이 평가의 기능이 독단적으로 작용됨으로써 교육목표와 교육평가 사이에, 크게는 교육과정과 교육평가 사이에 불연속성을 형성하게 된다. 이는 결과적으로 교육평가가 교육과정, 교육목표를 구속하는 역작용을 낳게 된다.

이 같은 부조리에 대한 비판과 개선의 필요성이 복합되어 1960년대 초에 학생의 학업성적을 다른 학생의 성취 수준에 비추어 의사결정을 내리는 규준지향 평가에서 탈피하여, 의도했던 교육목표, 의도했던 어떤 준거나 표준의 달성 여부에 비추어 평가하려는 준거(목표)지향 평가(criterion-referenced evaluation)에로 전환시키려는 노력이 시작되었다.

(2) 준거(목표)지향 평가

준거지향 평가(criterion-referenced evaluation)는 목표지향 평가 또는 절대평가라고도 불린다. 이 평가에서는 다른 학생이 무엇을 성취했건, 또 얼마나 성취했건 관계없이 교사가 의도하고, 기대하고 설정했던 목표를 학생이 얼마나 달성했느냐 못했느냐의 여부에만 관심이 있고, 모든 교육적 판단, 평가의 의사 결정도 그에 기초해서 내린다. 전기불은 '꺼지거나', '켜지거나' 하는 두 가지의 선택뿐이다. 마찬가지로 학생의 학업성취도 설정한 교육목표를 달성했느냐 못했느냐의 어느 한 가지 판단밖에 있을 수 없다.

준거지향 평가에서는 타당도가 규준지향 평가에서의 경우보다 더 중요한 의미를 갖는다. 왜냐하면, 목표지향 측정 혹은 검사는 목표라는 기준을 겨냥한 측정이기 때문이다. 목표를 달성했는지의 여부를 측정하지 못하는 평가라면 타당하지 않은 평가라고 할 수 있기 때문이다.

준거지향 평가는 어떻게 가르칠 것인가를 정하기 전에 미리 개발된다. 다시 말해서 교육목표가 정해지면 무엇을 어떻게 가르칠 것인가에 대한 고민과 상관없이 목표 달성 여부를 측정하는 평가는 개발이 가능하다. 그리고 목표 달성을 의미하는 합격점(cut-off score)도 미리 정해진다. 쉬운 예로 운전면허 필기시험을 들 수 있다. 현재 이 시험에서는 70점을 합격점으로 하고 있는데, 다른 사람이 몇 점을 받았든 상관없이 이 점수 이상만 받으면 그 사람은 합격하는 것이다. 70점을 합격점으로 정한 것은 그 점수 이상을 받으면 운전을 하는 데 필요한 기본 지식은 갖추었다고 보고 목표 달성을 했다고 인정하는 것이다.

이러한 목표지향 평가도 나름대로 장단점이 있다. 우선 장점으로는 첫째, 평가 개발 과정은 목표를 명백히 하는 데 도움이 된다. 또한 학생들이 테스트의 내용 영역에 대해 미리 알고 있기 때문에 테스트 보안상 문제도 덜 하고 학생들의 테스트 불안감도 덜 하다. 일부 학생에게 시험 문제가 노출이 되었다고 해서 다른 학생들에게 손해를 끼치지는 않는다. 만약 규준지향 평가에서 문제가 사전 노출이 되면 큰 문제가 된다. 왜냐하면 정보를 미리 안 학생 때문에 다른 학생의 성적이 상대적으로 떨어지는 결과를 낳기 때문이다.

이상의 장점에도 불구하고 목표지향 평가 또한 단점이 있다. 우선 목표가 너무 제한적이고 한정적일 경우가 있다. 가르친 내용만을 두고 목표 달성을 했는지 여부를 보기 때문에 평가 내용도 가르친 내용에 한정될 수밖에 없다. 또한 수험생이 받은 점수가 규준에 비추어지지 않기 때문에 학생들은 자신이 속한 집단에서 자신의 수행이 어느 정도 수준에 해당하는지 알 수가 없다.

요약하자면, 규준지향 평가와 준거지향 평가를 구분하는 기준은 평가에서의 개인의 수행 결과를 어디에 비교하느냐에 있다. 전자는 다른 학생의 수행 결과와 비교하여 등위가 정해지며, 후자는 교육목표에 비교하여 합격, 불합격이 정해진다.

4) 객관적 평가와 주관적 평가

(1) 객관적 평가

객관적 평가(objective testing)는 채점하는 방식을 두고 일컫는 말이다. 객관식 채점에서는 이미 만들어진 정답지(scoring key)가 있어서 그에 비추어 채점을 하면 된다. 이런 채점을 하는 데에는 채점자가 평가 내용에 대한 별다른 지식이 필요하지 않다. 보기가 주어지는 객관식 평가(multiple-choice test)의 한 예이다. 의사소통능력에 대한 평가를 강조하는 많은 학자들의 주장에도 불구하고 채점의 용이성과 점수에 대한 신뢰성 때문에 오늘날에도 여전히 널리 쓰이고 있다. 더구나 우리나라의 대학수능시험에서처럼 수험자 수가 많은 경우에는 기계식 채점이 가능하기 때문에 다른 선택이 있을 수 없을 것이다. 이럴 경우 가능한 최선책은 객관식 문제를 내더라도 그 과제 면에서 단편적인 지식을 요구하는 것이 아니라 통합적인 지식을 요구하는 문항의 출제일 것이다.

(2) 주관적 평가

주관적 평가(subjective testing)는 채점자의 주관적인 판단에 따라 점수를 부여하는 방법을 말한다. 이때 채점자는 평가 분야에 대한 통찰력과 전문성을 가지고 있어야 할 것이다. 요즘 같이 의사소통능력에 대한 평가를 강조하는 시대에는 학생들의 실제 수행능력을 평가해야 한다는 것이 많은 학자들의 주장이며, 따라서 실제 수행을 평가하는 데에는 주관적인 평가를 하지 않을 수 없다. 예를 들어 수험자들의 말하기 능력을 직접 인터뷰를 통해 평가한다든가 쓰기 능력을 직접 쓰기를 통해 평가할 경우 채점은 채점자의 주관에 맡길 수밖에 없다. 물론 채점에 대한 기준은 미리 정할 수 있지만, 아무리 상세한 기준을 정한다고 하더라도 그 기준을 실제 적용하는 데에는 여전히 주관적인 판단이 개입할 수밖에 없다. 이러한 평가는 채점의 신뢰도 즉, 객관도를 중시하는 평가 환경에서는 상당한 문제를 야기할 수 있다.

5) 형성 평가와 총괄 평가

(1) 형성 평가

형성 평가(formative test)는 학습 발달 단계의 어떤 시점에서건 시행할 수 있으며, 학생들의 성장에 대한 정보를 제공한다. 이는 학점을 부여하기 위한 평가가 아니며, 주로 교수-학습 활동을 진행하는 데 필요한 정보를 얻기 위해 실시된다. 다시 말해서 형성 평가의 결과를 다음 교수 활동을 계획하거나 수정하는 데 사용할 수 있다. 따라서 이 평가에서의 문항은 학생의 학습에 대한 정확한 정보를 얻을 수 있도록 작성되어야 할 것이다.

(2) 총괄 평가

총괄 평가(summative test)는 가르치고 난 뒤 마지막에 학생들이 그동안의 학습을 통해 도달한 성취 수준이나 능숙도를 평가하고자 할 때 사용하는 방법이다. 다시 말하자면 그동안 학습한 것을 요약하는 평가라고 할 수 있는데, 학생들에게 그들의 수행에 대해 자격증을 주거나 학점을 부여할 때, 또는 학생들을 수준별로 나눌 때 사용한다. 이러한 평가에서의 문항은 보다 통합적이며, 포괄적이고, 또한 교육목표가 기술하는 바에 더 가깝다. 따라서 잘 만들어진 총괄 평가는 어떤 학습과목이나 커리큘럼이 얼마나 효과적이었는지를 나타내 줄 수 있는 잣대가 된다.

6) 속도 평가와 역량 평가

(1) 속도 평가

속도 평가(speed tests)는 짧은 시간 동안 많은 문항을 풀게 하는 평가이다. 이는 얼마나 빨리 문제를 풀 수 있느냐를 평가하고자 하는 것으로, 순수한 속도 평가는 각 문항들이 매우 쉬워서 모든 수험생들이 다 알 수 있는 문항들로 구성되어 있으며, 단지 얼마나 빨리 풀 수 있는지를 보는 평가이다. 따라서 만약 충분한 시간이 주어진다면 모든 수험자들이 모든 문항을 풀 수 있는 그런 형태의 평가이다.

(2) 역량 평가

역량 평가(power tests)는 일반적으로 시간에 대한 제한이 없으며 얼마나 빨리 문제를 푸느냐를 평가하고자 하는 것이 아니라 문제 해결력을 측정하는 평가로서 대체적으로 어려운 문제로 구성된다. 순수한 역량 평가는 모든 문항을 다 맞출 수 있는 수험자가 거의 없는 평가이다. 다시 말하자면 아무리 시간을 많이 주어도 다 문제를 못 푼다는 뜻이다. 이런 평가는 시간에 구애받지 않고 문제를 풀도록 하는 경우가 많다.

현실적으로 거의 모든 평가는 이 두 극단적인 평가 사이의 어느 지점에 존재한다고 볼 수 있다. 예를 들어 45분 동안 치는 영어 시험이라면 시간을 제한한다는 점에서 속도 평가의 특성을 지니고 있는 반면 문제의 난이도 면에서 학생들의 서로 다른 능력을 구분할 수 있어야하기 때문에 이 점에서 역량 평가의 특성도 지니고 있다고 하겠다.

3.3 응답 방법에 따른 분류

앞서 이미 언급된 형태의 평가들도 응답 방법에 따라 다음과 같이 분류되는 경우도 있다.

1) 선택형 응답 평가

선택형 응답(selected-response) 평가는 언어 자료를 제공하고 제한된 보기들 중에서 정답을 선택하게 하는 형태의 평가 문항으로 구성된다. 이러한 형태의 평가에서 응답자는 어떤 언어도 스스로 만들어 내는 경우는 없다. 실시하기 쉽고 채점이 용이하며 객관적이라는 장점이 있다. 하지만 평가 개발자로서는 좋은 문항을 만드는 일이 그렇게 쉽지는 않다. 흔한 형태의 문항으로 진위(true-false) 파악하기 문제나 연결하기(matching) 문제, 또는 선택하기(multiple choice) 문제 등으로 구성된 평가가 이러한 형태의 평가에 속한다.

2) 구성형 응답 평가

구성형 응답(constructed-response) 평가는 응답자로 하여금 직접 언어를 생산하게 만드는 형태의 평가이다. 이 형태의 평가는 수험자의 말하기나 쓰기 능력을 측정하는 데 가장 적절한 방법이다. 또한 수용성 언어기술(receptive skills)과 생산성 언어기술(productive skills)의 상호작용을 관찰하는 데에도 유용한 형태의 평가이다. 이러한 형태의 평가에서는 앞의 선택형 평가와는 달리 응답자가 제대로 알지 못하면서도 답을 할 수 있는 경우는 사실상 거의 없다. 하지만 이러한 평가의 단점은 채점이 주관적 판단에 좌우되는 경우가 많아 신뢰성 확보가 쉽지 않고 또한 채점에 시간도 많이 걸린다는 점이다. 흔한 형태로는 빈칸 채우기(fill-in)형, 단답(short answer)형, 수행(performance)형 등이 여기에 속한다.

3) 개별적 응답 평가

개별적 혹은 사적인 형태의 이러한 평가에서는 응답자의 응답이 개별적으로 서로 매우 다를 수 있다. 이런 평가는 응답자에게 많은 자유가 주어지며 평가자도 응답자별로 개별 평가를 하게 된다. 따라서 평가에 시간이 많이 걸리며 평가도 주관적이다. 흔한 형태로 교사가 학생 개인을 면담하는 형태로 평가하는 컨퍼런스(conference), 포트폴리오(portfolio) 등이 여기에 해당한다.

이상에서 평가의 여러 분류 형태에 대해 살펴보았다. 평가가 어떤 형태이든 그 자체로서 좋다거나 나쁘다고 말할 수는 없다. 사람이 가진 특성을 측정하기 위한 수단일 뿐이다. 따라서 측정하고자 하는 특성에 맞는 수단을 적절히 선택 사용하는 것이 교사로서의 역할이다.

제4장

평가의 타당도, 신뢰도 및 실용성

4.1 타당도

타당도란 측정하고자 하는 것을 어느 정도 잘 측정하고 있느냐를 나타낸다. 이는 타당도 계수(validity coefficient)로 나타내는데, 타당도 계수란 유사성을 의미한다. 이때 비교의 대상은 이미 타당도를 공인받은 평가에서 나온 성적과 해당 평가에서의 나온 성적들 간의 상관관계를 말한다. 타당도 계수가 1이면 완벽한 상관관계를 의미하며, 0이면 상관관계가 전혀 없다는 의미이다. 신뢰도가 높은 평가도 타당도가 떨어지는 경우가 있다. 일반적으로 타당도가 있다고 인정받는 평가의 경우 타당도 계수가 .90은 되어야 한다고 Oller는 주장한다. 하지만 실제 어느 정도의 타당도 계수가 만족할만한 수준인가에 대해서는 평가의 목적이나 평가 결과를 바탕으로 어떤 결정을 내려야 할 때 그 결정의 중요성에 따라 달라질 수 있다. 대체로 .70이면 무난한 타당도라고 받아들여지며 .90이상이면 상당히 높은 타당도로 여겨진다.

1) 타당도의 종류

(1) 구인타당도

구인타당도(construct validity)란 모든 다른 종류의 타당도를 아우르는 상위 개념의 타당도이다. 구인이란 검사 성취에 반영되어 있다고 짐작되는 인간의 어떤 가설적 속성을 말하는데, 말하자면 어떤 '개념'이라고 할 수 있다. 구인타당도는 과학적 이론이 제대로 정립되지 아니한 추상적 개념인 '구인'을 측정하는 검사에 대해 과학적 이론과 타당성을 부여하는 과정이라고 규정할 수 있다. '이 특성을 가진 사람은 X라는 상황 아래서는 Y의 행동을 보일 것이다'라는 법칙 정립이 구인타당도의 핵심적 과정이다. 하지만 구인이라는 것은 항상 매우 추상적인 개념이며, 구체적으로 무엇이라고 기술하기는 어렵다.

구인타당도가 높다는 것은 평가와 관련 행위 사이의 상관관계가 높다는 것을 의미한다. 다시 말해서 영어 말하기 평가에서 높은 점수를 받은 사람이 실제로 영어 말하기도 잘 할 때, 그 평가는 구인타당도가 높은 평가라고 할 수 있다.

(2) 내용타당도

내용타당도(content validity)는 평가 과제로 선정된 과제가 평가를 통해 측정하고자 하는 전체 목표 과제를 얼마나 잘 대표하는 표본인가를 의미한다. 이 내용타당도를 확보하는 것이 사실은 상당히 어렵다. 왜냐하면 평가에 포함된 표본 과제의 대표성을 확실히 하기 위해서는 언어 능숙도가 무엇인지를 정확하게 규명할 수 있어야 하는 데 이것 자체가 사실은 상당히 모호한 일이기 때문이다. 하지만 어렵다고 해서 평가 개발자가 내용타당도 확보를 위한 노력을 게을리 해도 된다는 것은 아니다.

(3) 안면타당도

안면타당도(face validity)란 평가가 얼마나 정당해 보이느냐 하는 것이다. 다시 말해서 평가가 수험자의 눈에 얼마나 타당해 보이느냐 하는 것을 의미한다. 일부 평가 전문가들은 이러한 안면타당도와 위에서 소개한 내용타당도를 구분하지 않고 같은 것으로 간주하기도 하지만, 안면타당도는 내용타당도와는 달리 단순히 느낌으로 결정된다는 점에서 그 둘을 구분하는 평가 전문가들도 많다. 또한 많은 학자들이 안면타당도의 가치를 폄하하기도 하지만, 어쨌든 특정 평가가 수험자들이나 교사들, 또는 그 평가를 사용하고자 하는 기관의 입장에서 볼 때 정당해 보이지 않는다면 그 평가는 받아들이기 어려운 평가가 될 것이므로 안면타당도를 무시할 수 없는 것도 사실이다. 어쨌거나, 내용타당도나 안면타당도 모두 구체적인 객관적 근거에 의존한 설명을 제공하지 못한다는 공통점이 있다.

(4) 응답타당도

응답타당도(response validity)란 수험자가 응답하는 방식이 얼마나 평가 개발자가 기대하는 방식이냐를 의미한다. 말하자면 인터뷰 문항을 개발한 평가 개발자가 예를 들어 자기소개를 하도록 문항을 만들었다면 그가 기대하는 응답 방식은 수험자가 말로 자기소개를 하는 것일 것이다. 하지만 가령 학생 수도 많고 시간도 많이 걸리는 등 여러 가지 현실적인 어려움 때문에 지필고사로 답을 하게 했다고 하자. 이럴 경우 응답타당도가 떨어지는 것은 당연할 것이다.

(5) 환류효과타당도

환류효과(washback)란 평가가 교수와 학습에 미치는 영향을 의미한다. 따라서 평가에 앞서 일어나는 교수와 평가 간의 관계가 가까울수록 구인타당도(construct validity)가 높아지는 것은 물론이고 따라서 환류효과타당도(washback validity)도 높아지게 된다.

(6) 준거(목표)관련 타당도

준거 또는 목표관련 타당도(criterion-related validity)는 다음과 같이 두 가지 형태, 즉 예측(언)타당도와 공인타당도로 나눌 수 있다.

① 예측(예언)타당도

예측 또는 예언타당도(predictive validity)란 평가 도구가 미래의 행동특성을 얼마나 정확히 예측하는가를 의미한다. 말하자면 평가에서 높은 점수를 받은 수험자는 앞으로 그 분야에서 성공적으로 잘할 것이란 것을 의미한다. 예를 들면 미국의 SAT(Scholastic Aptitude Test)시험은 그 학생이 앞으로 대학에 입학하여 얼마나 학문적으로 잘해 나갈 수 있을 것인가를 말해주는 시험이다.

② 공인타당도

공인타당도(concurrent validity)란 새로운 평가의 결과가 같은 기술을 평가하는 기존의 타당도를 인정받은 평가의 결과와 얼마나 일치하는가를 의미한다. 이미 타당도를 인정받은 시험 결과와 새로 실시하는 그 평가의 결과가 높은 수준의 상관관계를 보인다면 그 새 평가도 역시 타당하다고 인정할 수 있다는 것을 의미이다.

(7) 경험타당도

경험타당도(empirical validity)란 평가 점수와 그 평가와는 독립적인 다른 기준, 예를 들면 그 수험생에 대해 잘 아는 교사가 내린 판단 등과 얼마나 상관관계가 있는가를 의미한다. 평가에서 높은 점수를 받은 학생이 교사가 내린 판단에서도 좋은 평가를 받는다면 경험타당도가 높은 평가가 된다.

(8) 문항타당도

문항타당도(item validity)란 평가 문항들이 측정하고자 하는 내용을 얼마나 잘 측정하고 있는가를 의미한다. 에를 들면 읽기 능력을 측정하는 평가에서 읽기 능력 평가와는 크게 상관이 없는 문항들, 예를 들면 철자에 대한 지식을 측정하는 문항이라든가 상식으로 풀 수 있는 문항 등이 포함되어 있다면 그 평가는 문항타당도가 떨어지는 평가라고 할 수 있을 것이다.

(9) 표본타당도

표본타당도(sampling validity)란 표본으로 선택된 평가 문항들이 전체 내용을 얼마나 잘 대표하고 있는지를 의미한다. 예를 들어 말하기 능력을 측정하고자 하는 인터뷰 평가에서 사용된 문항들이 그 수험생의 말하기 능력의 일부만을 측정하는 문항들이라면 그 평가는 표본타당도가 낮은 평가라도 할 수 있을 것이다.

이상에서 다양한 타당도 종류에 대해 살펴보았다. 위 설명에서 알수 있듯이, 이렇게 다양한 타당도의 종류가 사실은 서로 밀접한 관련이 있으며 서로 중복되는 부분이 없지 않음을 기억해야 할 것이다.

또한 이러한 다양한 용어들에도 불구하고 일반적으로 타당도를 지칭할 때는 이 모든 종류의 타당도를 포함한다고 할 수 있는 상위 개념으로서의 구인타당도를 의미하는 경우가 많다.

2) 타당도 저해 요인들

그러면 다음으로 평가의 타당도를 저해하는 요인들에 대해 살펴보도록 하겠다. 이 저해 요인들은 평가의 타당도를 위해 지켜져야 할 부분을 제대로 지키지 못하면 발생한다.

첫째, 평가를 잘못 적용했을 때 당연히 타당도가 떨어진다. 예를 들면 언어 능숙도를 평가한다면서 성취도 평가 결과를 사용한다면 타당한 평가가 될 수 없을 것이다.

둘째, 내용의 선택을 잘못했을 때이다. 즉, 평가 문항들이 학습 목표 또는 교수 내용과 일치하지 않을 때는 평가의 타당도가 높을 수 없다.

셋째, 수험자가 충분히 협조하지 않을 때이다. 즉, 수험자가 평가자의 기대처럼 시험에 응하지 않았을 때 수험자의 능력을 제대로 측정할 수가 없다. 예를 들면 수험자가 진지하게 문제를 풀지 않았다든가, 평가에 대한 정보를 잘못 받아 엉뚱하게 시험 준비를 했다든가, 시험이나 시험 상황에 대해 적대감을 갖고 있어서 가진 능력을 제대로 발휘하지 않았다든가 등의 경우가 여기에 해당한다.

넷째, 수험자가 속한 집단을 규준으로 하지 않고 엉뚱한 규준을 사용했을 때이다. 예를 들자면, 오늘날의 고등학생이 영어 평가에서 받은 성적을 수십 년 전 고등학생들의 성적과 비교를 한다면 이는 타당하지 않을 것이다. 왜냐하면 그때와 지금은 학생들의 특성도 달라졌을 뿐만 아니라 교육에 있어서도 그 초점이 많이 달라졌기 때문이다. 또 한 예를 들자면 지금은 바뀌었지만 이전의 토플 시험에는 문법 문항이 많이 포함되어 있었는데, 이는 문법 중심의 교육을 받은 나라의 학생들에게는 유리했지만 문법 중심으로 배우지 않은 다른 나라 학생들에게는 매우 불리한 타당하지 못한 시험이었다.

다섯째, 준거(목표) 자체가 잘못 설정했을 때 그 평가는 타당한 평가가 될 수 없을 것이다. 예를 들어 준거 자체가 내용타당도가 부족할 경우, 평가에서 받은 점수가 실제 그 수험자의 교육목표 달성 여부를 객관적으로 말해줄 수가 없을 것이다.

여섯째, 평가 문항들이라는 표본 자체가 대표성을 갖지 못하고 일부 능력만을 측정하는 문항들이라면 타당도가 떨어지는 것은 타당도가 떨어지는 것은 당연한 일이다. 예를 들어 읽기 능력을 측정하고자 하는 평가에서 어휘나 문법 지식만을 측정하는 경우이다. 읽기 능력에는 어휘나 문법 지식은 일부일 뿐이며 그 외 다른 능력들도 많이 포함되기 때문이다. 보다 상세한 사항은 나중에 읽기 능력 평가 부분에서 다루기로 하겠다.

일곱째, 타당하지 못한 구인(construct)을 사용할 경우에도 평가의 타당도가 떨어지는 것은 당연한 일이다. 다시 말하자면 측정하고자 하는 능력을 측정하지 않고 엉뚱한 것을 측정할 경우인데, 예를 들자면 말하기 능력을 측정하고자 하는 평가에서 미리 암기한 것을 지필고사로 측정한다면 이는 타당한 평가가 될 수 없을 것이다.

이상에서 평가의 타당도를 떨어뜨릴 수 있는 다양한 경우들에 대해 살펴보았다. 다음으로는 좋은 평가가 갖추어야 할 또 하나의 중요한 특성인 신뢰도에 대해 살펴보겠다.

4.2 신뢰도

1) 신뢰도 추정

신뢰도(Reliability)란 비슷한 상황에서 여러 번 평가를 했을 때 그 결과들이 얼마나 일관성이 있느냐의 개념이다. 물론 이상적인 신뢰도 계수는 1로서 같은 능력을 다른 종류의 평가들로 평가했을 때 완벽한 상관관계를 이루는 결과가 나오는 것을 의미하지만, 이는 현실적으로 기대하기 힘든 결과이며 .90이상이면 상당히 높은 신뢰도라고 할 수 있으며, 대개 .70이상이면 만족스런 신뢰도로 인정하고 있다. 구체적으로 신뢰도를 추정하는 방법에는 여러 가지가 있는데 소개하면 다음과 같다.

(1) 검사-재검사 신뢰도

검사-재검사 신뢰도(test-retest reliability)는 안정성 계수로 나타내며, 같은 평가를 같은 집단에게 두 번 실시하여 그 전후 결과에서 얻은 점수의 상관관계를 산출하는 방법이다. 하지만 이는 몇 가지 취약점이 있다. 첫째, 전후 평가 실시 간격에 따른 오차가 있을 수 있는데, 일반적으로 그 간격이 짧으면 신뢰도는 높아지고 길면 낮아진다. 둘째, 동일한 평가를 사용하기 때문에 신뢰도가 사실보다 크게 나올 확률이 많다. 특히 평가 실시 사이의 간격이 짧으면 더욱 그렇다. 셋째, 평가 간의 여러 가지 조건을 똑같게 만들기가 어렵다는 점이다. 따라서 그 결과의 차이는 이러한 평가 조건의 차이에 기인할 가능성이 있다.

(2) 동형검사 신뢰도

동형검사 신뢰도(equivalent-form reliability)는 동형성 계수로 나타내며, 이는 미리 같은 유형의 평가를 두 개 제작하여 같은 수험자들에게 실시하여 얻은 점수 사이의 상관관계를 산출하는 방법이다. 이 방법은 재검사 신뢰도 측정과는 달리 기억효과, 연습효과는 최소한으로 감소시키며 문항표본에서 파생하는 오차도 줄일 수 있다는 점에서 좋은 방법이다. 그러나 현실적으로 두 개의 평가를 거의 동질적인 평가로 만든다는 것이 쉽지는 않은 일이다.

(3) 반분검사 신뢰도

문항의 신뢰도를 추정하기 위해 사용하는 반분검사 신뢰도(split-half reliability)는 동질성 계수로 나타내며, 이는 한 개의 평가를 실시한 다음 그것을 적절한 방법으로 두 부분의 점수로 분할해서 그 사이의 상관관계를 산출하는 방법이다. 이때 두 부분으로 분할하는 방법에는 여러 가지가 있을 수 있는데, 예를 들면 문항들을 전후로 반이 되게 나누거나, 짝수-홀수로 나누는 방법 등이 있다.

(4) 문항내적 합치도

문항내적 합치도(inter-item consistency or internal consistency)는 동질성 계수라고도 하는데, Kruder와 Richardson이 개발하였기 때문에 Kruder-Richardson 방법이라고도 한다. 이 방법은 피험자가 검사 속에 포함된 각 문항에 반응하는 일관성, 합치성에 기초를 두고 추정하는 신뢰도이다. 검사 속의 각 문항 하나하나를 모두 독립된 한 개의 검사 단위로 생각하고 그들 사이의 합치성, 동질성, 일치성을 종합하는 방법이다.

(5) 크론바흐 알파 계수

크론바흐 알파(Cronbach' Alpha) 계수는 내적 합치도 계수라고도 부르는데, 평가지 내의 문항들이 얼마나 일관성이 있는가의 정도로써 평가 문항의 신뢰성을 평가하는 척도이다. 내적 합치도 계수는 0~1의 값을 갖는데, 값이 높을수록 신뢰도가 높다. 보통 0.8~0.9의 값이면 신뢰두가 높은 것으로 보며, 0.7 이상이면 바람직한 것으로 본다.

(6) 채점자 신뢰도

채점자 신뢰도(rater reliability, scorer reliability)는 채점자에 의해 결정되는 신뢰도로서 측정도구인 평가 자체에 의해 결정되는 신뢰도와 구분하여 때로 객관도라고 불리기도 한다. 객관도는 채점자의 채점이 얼마나 일관성이 있으며 신뢰할 수 있느냐 하는 문제인데, 다음 두 가지 종류가 있다.

① 채점자 간 신뢰도

채점자 간 신뢰도(inter-rater, inter-marker, or inter-scorer reliability)란 두 사람 이상의 채점자가 같은 수험자에게 같은 점수를 매기는 일관성을 의미한다. 만약 같은 수험자에게 채점자들이 매기는 점수가 다르다면 어느 것을 그 점수들을 신뢰하기가 어려울 것이다. 따라서 예를 들어 올림픽 피겨 스케이팅 점수처럼 다인 채점의 경우 가장 높은 점수와 가장 낮은 점수를 제외하고 나머지 점수들을 평균으로 계산하여 점수를 부여함으로써 신뢰도를 높이는 경우가 많다.

② 채점자 내 신뢰도

채점자 내 신뢰도(intra-rater reliability)란 같은 채점자가 같은 수험자에게 얼마나 일관성 있게 같은 점수를 매기느냐의 정도를 나타낸다. 같은 채점자가 매기더라도 기분이나 피로도에 따라 채점이 달라질 수 있다.

채점자 신뢰도는 주관식 평가에서 문제가 되며, 객관식 평가는 누가 매기든, 언제 채점을 하든 정답에 준하여 채점하기 때문에 이 점에서 100% 채점자 신뢰도를 확보할 수 있다.

2) 신뢰도 저해 요인들

(1) 학습자 내부의 변동
학습자 내부에서 일어나는 여러 가지 변동으로 인해 테스트 결과가 다르게 나타날 수 있다. 테스트 결과가 다르게 나온다는 것은 그 테스트 결과를 신뢰할 수 없다는 뜻이 된다. 구체적인 예를 들면 다음과 같다.

① 진점수 변동의 경우
학습자가 성숙해진 경우, 보다 많은 학습이 일어난 경우, 또는 망각이 일어난 경우에는 학습자의 진점수(true score)의 변화로 이어질 수 있다. 다시 말해 학습자의 실력 자체가 변하여 그것이 평가에서 점수의 변화로 나타난 경우이다.

② 일시적인 심리적 혹은 신체적 변동의 경우
학습자 내부의 일시적인 심리적, 신체적 변동이 테스트에서 측정 오차(measurement error)를 초래할 수 있다. 예를 들면 피로, 질병, 감정적 불안 상태, 연습의 효과 등이 이러한 변화의 예에 해당한다.

(2) 평가에 있어서의 변동

① 채점자 간 불일치의 경우

채점자 간 불일치(Intra-rater error variance)로 인한 점수 변동이 생길 수 있다. 즉, 테스트에서 주관적인 판단을 해야 하는 경우, 채점자에 따라 같은 수험생에게도 다른 점수가 부여될 수 있다.

② 채점자 내 불일치의 경우

채점자 내 불일치(Inter-rater error variance)로 인한 점수 변동이 생길 수 있다. 예를 들어 같은 사람이 같은 학생에 대해 채점을 하더라도 언제 채점을 하느냐에 따라, 또는 어떤 심리 상태에서 채점을 하느냐에 따라 그 판단 기준이 달라질 수 있다.

(3) 평가 실시에 있어서의 변동

① 평가 규칙의 불균등

평가에서 같은 규칙을 사용하느냐 그렇지 못하냐에 따라 그 결과가 달라질 수 있다. 즉, 같은 장소에서 시험을 치는 학생들이라도 시간을 더 주거나 덜 주느냐에 따라 시험 결과가 달라질 수 있는데, 예를 들면 시험 종료를 알리는 종이 치고 난 뒤 다른 학생들의 답안지를 걷고 있는 사이 일부 학생들이 계속해서 문제를 풀 수 있는 시간을 갖게 된다면 당연히 시간을 더 많이 가진 학생들이 유리할 수밖에 없다.

② 평가를 실시하는 환경의 차이

평가를 실시하는 환경의 차이 또한 결과가 달라지는 원인이 될 수 있다. 예를 들어 듣기 시험을 칠 때 어떤 반에서는 조용한 분위기에서 녹음기 성능도 좋은 상태에서 시험을 친 반면, 다른 반에서는 외부의 소음으로 제대로 듣지 못하였거나 녹음기 성능이 좋지 못한 상태에서 시험을 쳤다고 한다면 수험자의 실력이 제대로 발휘되지 못할 수 있다.

(4) 평가의 특성 자체가 신뢰도에 영향을 줄 경우

① 평가의 길이, 난이도, 경계 효과

평가의 길이(length), 난이도(test difficulty), 경계 효과(boundary effects) 등이 신뢰도에 영향을 줄 수 있다. 예를 들어 길이가 적절하지 않은 경우, 예를 들어 평가 문항 수가 너무 작은 짧은 평가의 경우, 실수나 또는 모르면서 찍어서 정답을 고르는 것 등이 점수에 너무 큰 영향을 미칠 위험이 있다. 반대로 평가 문항 수가 너무 많을 경우, 수험자의 피로도가 증가하여 제 실력을 발휘하지 못할 경우도 있을 것이다. 또한 난이도의 경우 너무 쉬운 문항들 또는 너무 어려운 문항들로 구성되었을 경우 평가 결과가 수험자들 간의 능력 차를 제대로 나타내 준다고 할 수 없기 때문에 신뢰도가 떨어질 수밖에 없다. 반면에 경계 효과(boundary effect)는 문제가 너무 쉽거나 어려워서 거의 모든 수험자들이 다 맞히거나 다 틀리는 경우이다. 평가 문항들이 너무 쉬워서 수험자의 수행이 상한에 있을 때를 천장 효과(ceiling effect)가 있다고 말하고, 반대로 평가 문항들이 너무 어려워서 수험자의 수행이 하한에 있을 때를 바닥 효과(floor effect)가 있다고 말한다. 어느 경우나 평가 결과를 신뢰할 수가 없기는 마찬가지이다.

② 변별도, 속도 및 동질성

평가 문항의 변별도(Discriminability)가 평가 결과의 신뢰도에 영향을
미친다. 위의 천장 효과나 바닥 효과도 바로 이 변별도 문제에 해당한
다. 평가의 문항들은 다양한 난이도를 가진 문항들로 구성되어 있어
서 수험자들의 능력을 수준별로 구분할 수 있어야 한다. 마찬가지로
각 문항도 보다 많은 능력을 가진 자와 보다 적은 능력을 가진 자들을
구분할 수 있어야 할 것이다. 속도(speededness) 또한 평가의 신뢰도에 영
향을 준다. 다시 말해서 평가에 할애된 시간이 적절하지 못할 경우 수
험생의 능력을 제대로 측정하지 못하게 된다. 충분히 풀 수 있음에도
불구하고 시간을 너무 적게 주어서 풀 수 없었다면 시간을 주어도 몰
라서 풀 수 없는 경우와 구분이 안 되므로 평가 결과를 수험자의 능력
으로 바로 인정하기에는 무리가 있다. 동질성(homogeneity)의 경우도 마
찬가지이다. 문항에 대한 반응의 일관성은 문항의 동질성에 따라 좌
우되기 때문에 문항의 동질성에 문제가 있을 때에는 반응의 일관성을
기대할 수 없을 것이며, 이는 신뢰도의 저하로 이어지게 된다.

(5) 응답의 특성과 관련된 오류

수험자에게 요구되는 응답 방식으로 인해서도 오류가 발생할 수
있는데, 이에는 다음과 같은 경우들이 포함된다.

① 응답의 자의성

응답의 자의성(arbitrariness)은 수험자가 자의적으로 응답을 할 수 있
도록 문제가 만들어진 경우를 말한다. 이럴 경우 문항 개발자가 의도

한 바와는 다른 응답을 할 수 있기 때문에 정답으로 인정받지 못할 경우가 있다.

② 영리함이나 익숙함

수험자의 영리함(wiseness)이나 평가 문항과 유사한 문항들을 접해 본 익숙함(familiarity) 때문에 정확히 알지 못하고도 정답을 고를 수 있도록 문제가 만들어진 경우를 말한다.

3) 신뢰도 개선을 위한 고려 사항

무엇보다도 평가가 신뢰도를 확보하지 못하면 그 결과를 두고 여러 가지 문제가 생길 수 있으므로 평가 개발이나 채점 과정에서 신뢰도를 높이기 위한 노력이 필요한데, 이러한 노력의 일환으로 다음과 같은 사항들을 고려할 수 있을 것이다.

첫째, 문항 수를 증가시킴으로써 평가 전체의 길이를 길게 하고 각 문항의 보기의 수를 증가시킴으로써 신뢰도를 개선할 수 있다. 평가 문항 수가 너무 작거나 각 문항 당 보기의 수가 작으면 실수나 찍기의 영향력이 커지기 때문에 수험자의 능력을 제대로 평가하기 어렵다. 그렇다고 문항 수를 지나치게 많게 한다거나 보기 수를 너무 많이 하는 것 또한 바람직한 것은 아니다. 수험자에게 심리적, 인지적인 부담을 주게 되기 때문이다. 문항 수는 할애된 평가 시간에 따라 달라져야 하겠지만 일반적으로 객관식 문제의 보기 수는 4개가 가장 적절하고 다음이 5개, 3개의 순이라고 알려져 있다.

둘째, 같은 종류의 평가 형식(test format)을 사용함으로써 신뢰도를 높일 수 있다. 학습자가 평소에 익숙한 평가 형식을 사용하지 않고

예기치 않았던 평가 양식을 접하게 되면 심리적으로 당황하게 될 뿐만 아니라, 제 실력을 제대로 발휘하지 못할 수도 있기 때문이다.

셋째, 평가에서 유사한 지시문들(directions)을 사용함으로써 평가의 신뢰도를 높일 수 있다. 다시 말하자면 평가의 지시문들 간에 일관성이 없으면 수험자로 하여금 오해를 하게 하여 실수를 유발할 수도 있다.

넷째, 표준 평가 실시 방침을 정함으로써 평가의 신뢰도를 높일 수 있다. 예를 들어 같은 읽기 시험을 치는 수험자들이 배치된 수험장에 따라 문제를 푸는 시간이 달리 적용된다면 평가 결과가 영향을 받을 수밖에 없다. 보다 많은 시간이 허용된 수험장의 수험자들이 당연히 유리할 것이다.

다섯째, 같은 평가 환경을 제공함으로써 평가의 신뢰도를 높일 수 있다. 예를 들어 듣기 평가에서 어떤 시험장은 조용한 분위기에서 시험을 치고 다른 시험장에서는 바깥에서 시끄러운 소음이 들리는 가운데 시험을 치게 한다면 이는 불공평한 일이 아닐 수 없으며 결과 또한 신뢰할 수가 없을 것이다.

4) 측정오차와 진점수

이상에서 평가를 통해 수험자의 능력을 측정하는 데 있어서 결과에 대한 신뢰도를 높이기 위해서 고려해야 할 사항들에 대해 기술하였다. 하지만 아무리 주의를 해도 평가를 통해 수험자의 능력을 측정하는 데 있어서는 다양한 변수에 의한 오차가 작용하며, 수험자의 진짜 능력 즉, 진점수(true score)는 결코 확실히 알 수가 없고 추정을 할 수밖에 없다. 이러한 오차를 통계적으로 측정오차(The Standard Error of Measurement: SE_{meas})라고 부른다. 이 측정오차를 산출하는 공식은 다음과 같다.

이 측정오차는 평가에서 수험자가 획득한 점수와 함께 그의 실제 능력을 나타내는 진점수를 추정하는 데 사용된다. 예를 들어 어떤 평가에서 측정오차가 5라고 가정하자. 한 개인이 받은 점수가 60점이라고 가정할 때 다음과 같이 추정할 수가 있다.

(1) 그 개인의 진점수는 55점과 65점 사이에 있을 확률(즉, 획득한 점수 + 1SD 안에 있을 확률)이 68%이다.

(2) 그 개인의 진점수는 50점과 70점 사이에 있을 확률(즉, 획득한 점수 + 3SD 안에 있을 확률)이 95%이다.

(3) 그 개인의 진점수는 45점과 75점 사이에 있을 확률(즉, 획득한 점수 + 3SD 안에 있을 확률)이 99%이다.

5) 총체적 채점과 분석적 채점

평가의 신뢰도는 점수에 관한 것이며, 주로 신뢰도에서 문제가 발생하는 것은 주관식 평가인 경우이다. 객관식 평가는 정답이 정해져 있고 그대로 채점만 하면 되기 때문에 채점에 전문성이 없는 사람이 매겨도 문제가 될 게 없다. 하지만 주관식 평가의 경우에는 전문성을 가진 채점자들 간에도 주관에 따라 같은 수험자에게 다른 점수를 줄 수 있고, 심지어는 같은 채점자가 같은 수험자에게 언제 어떤 상태에서 채점을 하느냐에 따라 다른 점수를 주는 경우도 있다. 즉, 주관식 평가는 이렇게 채점자 간 신뢰도뿐만 아니라 채점자 내 신뢰도에 문제가 있을 수 있다.

$$SE_{meas} = SD \sqrt{1 - r_t}$$

(SD: 표준편차, r_t = 추정한 신뢰도)

말하기 평가나 쓰기 평가에서 수험자들의 수행을 평가할 때 크게 두 가지 채점 방식이 있는데, 총체적 채점(holistic scoring)과 분석적 채점 (analytic scoring)이 그것들이다. 총체적 채점은 수험자의 능력에 대한 채점자의 전반적인 인상(impression)을 바탕으로 일정한 등급에 의거하여 점수를 부여하는 방식이며, 분석적 채점은 그 전체 능력의 몇 개의 하위 부분으로 나누어서 각각에 대해 점수를 부여하여 종합하는 채점하는 방식이다.

총체적 채점은 분석적 채점에 비해 채점하기가 쉽고 시간도 적게 걸리는 장점이 있어 널리 쓰이고 있으나, 신뢰도나 타당도 면에서 상당한 결점이 있다. 예를 들어 쓰기 채점을 들어 보자.

첫째, 이 방법은 전체적인 쓰기 능숙도, 즉 쓰기 능숙도의 몇 가지 구성요소에만 초점을 맞추기 때문에 쓰기에서의 다른 중요한 부분들이 간과되기 쉽다. 이 점에서 쓰기 평가의 타당도 문제가 제기된다.

둘째, 이 방법은 전체적인 능숙도를 평가하기 때문에 개인의 쓰기 능력에 관하여 상세한 정보를 제공해주지 못한다. 따라서 이런 방법은 교육을 위해서는 적절하지 못한 방법이다.

채점의 신뢰도를 높이기 위해서는 채점 기준을 미리 정하는 것이 필요하며, 채점자의 훈련과 더불어 다인 채점(multiple scoring)이 필수적이다. 총체적 채점과 분석적 채점 중에서 어떤 채점 방식을 따를 것인가의 결정은 평가 목적과 상황에 따라 다를 수밖에 없다. 예를 들면 총체적 채점은 수험자를 적절한 수준에 배치하는 데 적용하는 것은 무방하나 수험자에 대한 진단 목적으로는 사용할 수 없다. 반면에 분석적 채점은 채점자의 전문성이 떨어지거나 개인의 능력에 대한 보다 많은 정보를 얻고자 하는 진단적인 목적으로 권장된다.

〈부록 B〉에 수록된 미국의 FSI(Foreign Service Institute)에서 내놓은 음성

언어 능숙도 채점표의 채점 방식이 총체적 채점의 한 예이다. 채점표에서 알 수 있듯이 채점 결과는 점수로 나타나는 것이 아니라 수준으로 구분된다. 예를 들어 'elementary proficiency', 'working proficiency', 'professional proficiency' 등으로 나타낸다. 이들 각 분야에 대한 하부 점수란 없다.

반면 아래 〈표 1〉에 제시된 채점 기준과 채점표는 분석적 채점의 예이다. 표에 나타난 바와 같이 각 분야별로 점수가 있고 분야별 점수들을 합한 총점이 있다. 채점의 객관도를 높이기 위해서 각 분야별로 채점 기준이 제시되어 있음을 알 수 있다.

〈표 1〉 작문 평가를 위한 분석적 채점 기준

내용

4: 주제가 흥미롭고 독창적이며, 좋은 아이디어와 더불어 세부적인 뒷받침도 좋다.
3: 주제가 적절하며 아이디어가 무난하고 세부적인 뒷받침이 있다.
2: 주제와 아이디어가 불분명하고 세부적 뒷받침도 결여되어 있다.
1: 글의 주제가 없거나 채점을 할 수 있을 만큼 글 내용도 충분하지 않다.

구조

4: 아이디어들이 문단으로 잘 구조화 되어 있고 논리적으로 잘 연결되어 있다.
3: 문단으로 구조화되지는 못하였지만 나름의 생각을 시작하고 끝맺음하고 있다.
2: 아이디어들이 흩어져 있고 구조화에 대한 개념이 미약하다.
1: 아이디어를 전혀 이해하기 힘들고 구조화가 전혀 되어 있지 않다.

정확성

4: 기본 문장이나 어휘 사용에는 오류가 거의 없고, 비록 오류는 있으나 어려운 문장이나 어휘를 사용하고자 노력하고 있다.
3: 기본 문장이나 어휘 사용에 다소의 오류가 있고, 어려운 문장을 사용하고자 하는 노력은 없다.
2: 기본 문장이나 어휘 사용에 많은 오류가 있다.
1: 영어의 규칙을 제대로 알지 못하여 의미 전달이 어렵다.

〈개인 채점표〉

채점 요소	4	3	2	1
내용				
구조				
정확성				

이름:_____   점수:_____

　물론 각 항목별 채점 기준의 제시에도 불구하고 분석적 채점 또한 채점자의 주관이 개입되지 않을 수 없다. 각 항목별로 수험자의 수행이 몇 점에 해당되는가에 대한 결정 자체가 주관적일 수 있기 때문이다. 객관성을 높이기 위해서는 분석적 채점에서도 다인 채점이 요구되는 이유이다.

4.3 실용성(= 용이성, 효율성)

　평가가 아무리 타당하고 신뢰도가 높다고 하더라도 평가를 실시함에 있어서 실용적이지 못하면 아무 소용이 없다. 실용성(practicality)은 다른 용어로 용이성(feasibility) 또는 효율성(efficiency)으로 불리기도 하는데, 평가가 실용적이라 함은 채점이 용이한지, 비용 면에서 경제적인지 등을 의미한다. 채점에 지나치게 시간이 많이 걸린다든지, 원어민이 아니면 채점하기 어렵다든지, 비용이 너무 많이 든다면 그 평가는 아무리 잘 만들어졌다고 하더라도 수요자의 입장에서는 채택하여 사용하기가 어려울 것이다. 그런 점에서 현실적으로는 타당도나 신뢰도보다 평가 채택에 있어서는 더 중요하게 작용한다고 할 수 있을 것이다.

이상에서 평가의 타당도, 신뢰도, 및 실용성에 대해 기술하였다. 완벽한 평가의 개발과 실행은 현실적으로 쉬운 일이 아니다. 따라서 각 평가 환경에서의 최선의 길을 모색하는 것이 현재로서는 가장 바람직한 선택일 것이다.

제5장

의사소통능력 평가

이 장에서는 요즘 언어능력 평가의 화두인 의사소통능력 평가에 대해서 살펴보겠다. 이를 위해 먼저 의사소통능력이란 무엇인가에 대해 기술을 하고, 다음으로 의사소통능력 평가의 출제 원칙에 대해 살펴본 다음, 외국어 학습 상황에서의 의사소통능력 평가는 어떻게 해야 하는가에 대해 살펴보고자 한다.

5.1 의사소통능력에 대한 이해

의사소통능력에 대해서는 경쟁적인 가설들이 있는데, 그 중에서 Lado(1961)와 같은 학자들이 내세운 가설로서 언어능력은 완전히 쪼갤 수 있는 능력이라는 70년대 이전의 분리 가설(Divisible hypothesis)과 80년 대 이후로 지금까지 받아들여지고 있는 Canale과 Swain(1980), Cummins (1983), Bachman(1990) 등의 학자들이 내세운 가설인 언어능력은 쪼갤 수 없는 능력이 아니라(non-unitary)는 분리 가설 둘 모두 언어능력을 쪼갤 수 있는 능력이라고 봄으로써 70년대 Oller의 가설인 언어능력은 결코 쪼갤 수 없는 통합적인 능력이라고 보는 가설(Unitary Competence hypothesis)

과는 대조를 이룬다. 하지만 70년대 이전의 분리 가설은 언어능력을 완전히 쪼갤 수 있는 능력으로 보는 가설(Complete Divisibility hypothesis)인 반면, 80년대 이후의 분리 가설은 언어의 통합적인 부분도 인정하므로 사실 같은 가설은 아니다. 혹자는 이 부분의 혼동을 피하기 위해 80년대 이후의 분리 가설을 가리켜 부분적 분리 가설(Partial Divisibility hypothesis)이라고 일컫기도 한다. 이렇게 볼 때 두 가지 극단적인 가능성 즉, Oller의 70년대 통합능력 가설과 70년대 이전의 완전 분리 가설은 배재되며, 이제는 부분적 분리 가설이 지지를 받고 있다(Bachman & Palmer, 1981, 1983; Carroll, 1983).

Oller 자신도 80년대에 들어와서는 70년대에 자신이 내세웠던 강력한 통합능력 가설(stronger version)을 다소 약화시켜(weaker version) 내세우고 있으며, 이는 80년대 이후 오늘날까지 받아들여지고 있는 모듈이론(modular theory)—즉, 언어능력은 다양한 구성요소들로 이루어져 있다는 이론—과 근본적으로 다를 바가 없다고 할 수 있다. 왜냐하면 양쪽 모두 구조적으로 복잡한 일반적 요인을 인정하고 있기 때문에 서로 경쟁적인 가설들이 더 이상 상호배타적인 것이 아니며 상호보완적인 것이다.

1980년대에는 많은 이론적, 경험적 연구들이 외국어능력의 정의에 근거하여 외국어 능숙도에 대해 초점을 맞추고 진행되었다(Yalden, 1987). 하지만 그러한 연구들에도 불구하고 학자들은 언어 능숙도의 정의에 대해 일치하는 한 가지 정의를 내어놓지는 못하였다. 사실은 능숙도에 대한 납득이 가는 통일된 이론에 접근조차 못하고 있었다 (Lantolf & Frawley, 1988). 학자들은 의사소통능력이라는 같은 개념에 대해 다양한 다른 용어들을 사용해 왔는데, 예를 들면 "communicative competence", "communicative language proficiency", "communicative language ability", "language proficiency", "language ability" "communicative ability", "communicative proficiency", "fluency" 등이 그것들이다.

의사소통능력의 개념에 대한 다양한 용어의 제안과 더불어 학자들은 또한 의사소통능력에 대한 정의를 내리고자 하는 노력으로 그 구성요소들에 대한 분류를 하는 데 있어서도 서로 다른 아이디어들을 제안해왔다. 예를 들면 Burt 외(1975)는 의사소통능력을 구성하는 요소로서 64개나 되는 분리 측정 가능한 구성요소를 제안했고, Oller와 Perkins(1980)는 포괄적 언어 능숙도라는 한 가지 요소를 제안했다. 반면에 Canale과 Swain(1980)의 정의는 의사소통능력이 4가지 구성요소 즉, 문법 능력(grammatical competence), 담화 능력(discourse competence), 사회언어학적 능력(sociolinguistic competence), 그리고 전략적 능력(strategic competence)으로 이루어져 있다는 가정에 바탕을 두고 있다.

위의 4가지 구성요소에 바탕을 두고 Canale(1983)는 실제 언어 사용 상황에서 화자가 유창하다는 평을 받기 위해서는 세 가지 차원에서의 언어 능숙도를 갖추어야 한다고 했는데, 기본적 언어 능숙도(basic language proficiency), 의사소통적 언어 능숙도(communicative language proficiency) 그리고 자율적 언어 능숙도(autonomous language proficiency)가 바로 그것들이다. 기본적 언어 능숙도란 모든 인간들이 언어 발달과 사용을 위해서 보편적으로 갖추고 있는 생물학적인 측면을 말한다. 즉, 정상적인 발성 능력, 청각, 시각, 인지능력 등을 갖추어야 한다는 뜻이다. 그래야만 근본적으로 사람들 사이에서 의사소통의 수단으로서 언어를 사용할 수 있다는 것이다.

다음은 의사소통적 언어 능숙도인데, 이는 음성언어나 문자언어로 사람들 사이에서 언어를 사용할 수 있는 능력을 의미한다. 아무리 정상적인 인지능력과 신체구조를 갖고 있다고 하더라도 실제 사람들 사이에서 의사소통을 하고자 하는 본인의 의지가 없다면 말하는 것 자체를 기피할 것이며, 따라서 결코 언어 능숙도가 높은 사람으로 평가받기는 힘들 것이다.

마지막으로 필요한 것은 자율적 언어 능숙도인데, 이는 사람들 사이에서의 언어 사용이라기보다는 개인 내부에서의 언어 사용에 해당하는 부분이다. 어떤 의사소통 문제에 부딪혔을 때 그것을 해결하고자 하는(problem-solving) 의지가 있는 사람과 그렇지 않은 사람의 겉으로 나타나는 언어 능숙도는 확연한 차이가 있게 마련이다. 전자의 경우에는 어떻게든 문제를 해결하고자 하는 의지가 있기 때문에 쉽게 의사소통을 포기하지 않고 어떤 식으로든 말을 이어가는 경향을 보이는 반면, 후자의 경우는 그냥 입을 닫아 버려 의사소통 자체가 안 되는 경우가 생긴다.

한편 Cummins(1983)는 두 가지 종류의 언어 능숙도가 있다고 제안했는데, 인지적/학문적 언어 능숙도(cognitive/academic language proficiency-CALP)와 사람들과의 기본적 의사소통 기술(basic interpersonal communicative skills-BICS)이 그것들이다. 이 중 전자는 여러 교과목을 배우기 위해 전적으로 목표 외국어만 사용되는 학교 교육 상황에 학생들이 효과적으로 참여할 수 있기 위한 종류의 언어 능숙도를 의미하며, 후자는 학습자로 하여금 사회적인 상호작용을 통해 기본적인 인간의 필요를 충족시키는 것이 가능하게 해주는 언어 능숙도를 의미한다. 하지만 보다 나중에 Bachman(1990)은 의사소통능력은 세 가지 능력—즉, 언어능력(language competence), 전략적 능력(strategic competence), 그리고 심리육체적 기제(psycho-physiological mechanism)—으로 구성되어 있다고 제안하였다.

Bachman(1990)보다 몇 년 후에 Brown(1994)은 그동안 제시된 여러 학자들의 제안들을 요약하여 언어 능숙도를 5개의 구성요소로 나타내었는데, 1) 지식 구조(세상에 대한 지식): knowledge structures(knowledge of the world), 2) 언어능력(언어에 대한 지식): language competence(knowledge of language), 3) 전략적 능력(strategic competence), 4) 심리육체적 기제(psycho-physiological mechanisms), 그리고 5) 상태적 상황(context of situation)이 그것들 이다.

이상에서 알 수 있듯이 언어 능숙도에 대한 일치된 정의도 없이 학자들이 같은 개념에 대해 다양한 용어들을 사용하고 있음에도 불구하고, 대부분 학자들이 동의하는 바는 의사소통능력이란 단순히 언어능력 이상의 것을 포함한다는 사실이다(예: Muyskens, 1984; Polizer & McGroarty, 1983; Weir, 1990; Yalden, 1987). 그들에 의하면 어느 정도의 의사소통능력은 언어능력의 부족을 보충해주는 역할을 하며, 어떤 수준의 의사소통능력이건 항상 최소 수준의 언어능력을 필수조건으로 갖추어야 한다고 한다. 따라서 의사소통능력은 언어능력을 전제로 하지만 언어능력이 의사소통능력을 보장한다고 말할 수는 없다(Polizer & McGroarty, 1983).

학자들이 동의하는 또 한 가지 점은 능숙도(proficiency)가 비록 능력(competence)의 정의에 바탕을 두고 있긴 하지만 능력과 같은 개념은 아니라는 것이다. 왜냐하면 능력이라는 것은 지식(knowledge) 즉, 안다는 것을 의미하지만 능숙도는 적절한 상황에서 그 지식을 실제 사용(use)할 줄 아는 능력을 포함하기 때문이다(Canale & Swain, 1980). 그러므로 비록 능력(competence)이 수행(performance)으로 실현되는 것을 통하지 않고는 능력을 평가할 수 없다는 것도 사실이지만(Weir, 1990) 능력이 없이는 수행도 불가능하며, 또한 능력이 있더라도 항상 수행을 기대할 수 없는 것도 사실이다. 물론 이러한 괴리에는 다양한 요인들이 작용한 결과

일 수 있다. 하지만 분명한 것은 효과적인 언어 사용자가 되기 위해서는 단순히 자신이 가진 능력을 내부에서 프로세스하는 것만으로는 충분하지 않으며, 수행을 통해 그 능력을 보여줘야 한다는 점이 중요하다. 다시 말해서 의사소통능력이 언어능력 이상의 것이듯이 능숙도도 단순한 능력 이상을 것을 의미한다. 이는 Bachman과 Savignon(1986)도 언급한 바 있는데, 그들은 "의사소통적 언어 능숙도(communicative language proficiency: CLP)" 혹은 "의사소통적 언어능력(communicative language ability: CLA)"이라는 용어를 통하여 언어 능숙도란 그 사람이 알고 있는 것뿐만 아니라 실제로 할 수 있는 것을 의미한다고 주장하였다.

이상에서 보았듯이, 학자들은 같은 개념을 설명하면서 각자 다른 용어와 다른 분류법을 사용하였다. 그들의 구체적인 정의가 무엇이든 간에 언어 능숙도에 대한 그들의 정의들이 제안하는 바는 언어 능숙도란 여러 가지로 구성되어 있으며, 이 구성요소들은 서로 상호작용한다는 점이다. 이 점에 대해서는 사람들도 대체로 이해하고 있으나, 구체적으로 이러한 요소들이 "어떻게(how)" 서로 상호작용하는지에 대해서는 여태껏 그 누구도 기술한 바가 없다. 이는 아마도 학습자들이 목표언어를 배우는 다양한 방법과 다양한 상황 때문이 아닐까 생각된다. 따라서 언어 능숙도에 대한 공통된 정의를 이끌어내려고 애쓰기보다는 학습자들이 경험하는 상호작용들의 한 기능으로서 그들이 처한 언어 발달 상황 내에서 언어 능숙도를 개념화하는 것이 더 타당할 수도 있을 것이다.

언어 능숙도에 대한 다양한 정의들로 알 수 있듯이 학자들이 설명하는 언어 능숙도는 음성언어의 능숙도에만 제한된 것이 아니다. 그럼에도 불구하고 적지 않은 연구들과 논의에서 마치 언어 능숙도가 음성언어에만 한정된 것으로 보는 경향이 없지 않다. 그리고 실제로도 많은 사람들이 능숙도를 얼마나 그 언어를 잘 "말 하는가"로 이해하고 있는 것 같다. 이는 아마도 대부분의 인간들에게 글보다는 말이 주요 의사소통 수단이기 때문이 아닐까 한다. 하지만 그렇다고 해서 이것이 자칫 문자언어 능숙도의 발달은 중요하지 않다든가 무시해도 좋다고 하는 그릇된 인상을 심어주어서는 안 될 것이다. 그와는 달리, 언어 능숙도는 언어의 네 가지 기술이 서로 상호작용하고 보충적인 역할을 할 때 극대화될 수 있다는 점을 기억해야 할 것이다. 따라서 균형 잡힌 외국어 프로그램을 위해서 말하기는 여러 분야 중의 오직 한 분야일 뿐이라고 말하는 것이 안전하다. 이 점에 대해서는 일찍이 Magnan(1986, p. 436)도 다음과 같이 잘 기술하고 있다:

A focus on speaking, nonetheless, must not allow us to forget that instructional objectives generally also involve listening, reading, and writing, all within their cultural and intellectual contexts. At least in terms of the receptive skills, listening and reading, we can expect students to have a greater proficiency than they do in speaking. ultimately, a proficiency-based requirement should measure all of these areas, allowing perhaps for students to compensate lower proficiency levels in some areas by higher proficiency levels in other areas.

연구 결과에 의하면 문법 능력 그 자체는 의사소통 기술에 대한 좋은 예측 척도가 될 수 없다고 한다. 따라서 외국어를 가르치는 교실에서 문법 지도에 초점을 맞추는 것은 학습자들의 의사소통능력 개발에 별로 효과적인 방법이 되지 못한다는 것은 이미 잘 알려진 사실이다. 그렇다면 의사소통능력은 어떻게 개발되는 것인가? Schulz(1986)에 의하면 자동적인 음성언어 능숙도(spontaneous oral communicative proficiency)는 개발하기도 어려울 뿐만 아니라 개발에 시간도 오래 걸리는 일이며,

또한 가장 불안정한 것이라서 충분한 연습의 기회가 주어지지 않으면 쉽게 잊혀지고 마는 아주 불안정한 상태의 기술이라고 한다. 여기서 '자동적인(spontaneous)'이라는 표현은 필요한 상황에서 어려움을 겪지 않고 하고 싶은 말을 할 수 있다는 뜻이다. 그의 주장이 비록 음성언어에 대한 것이긴 하지만 문자언어 능숙도에도 적용이 되는 주장이기도 하다. 능숙도란 자동적인 언어 사용을 포함한다. 이는 음성언어이건 문자언어이건 간에 언어를 효과적으로 개발한다고 하면 당연히 갖추어야 할 능력이며 외국어 학습을 하는 궁극적인 목적이기도 하다.

오래전 Krashen(1981)은 "습득(acquisition)"과 "학습(learning)"을 서로 배타적인 과정으로 구분하면서 의사소통 능숙도는 학습이 아니라 습득에 의해서만 성취할 수 있다고 주장하였다. 그의 주장에 의하면 습득은 이해 가능한 입력(comprehensible input) 즉, 적절한 상황 속에서 의미 있는 언어 사용이 있을 때 일어날 수 있다고 한다. 하지만 알다시피 모국어 상황에서 누릴 수 있는 그런 습득의 기회는 대부분 교실에서만 목표언어를 경험하는 외국어 상황에서는 접하기가 상당히 어려운 기회이다. 그런 교실 상황에서는 목표언어를 효과적으로 개발하는 데 걸림돌이 되는 다양한 한계가 있어서 목표언어 습득에 상당한 어려움이 있을 수밖에 없다. 이러한 어려움 때문에 심지어 의사소통능력 또는 능숙도라는 것이 과연 교실에서 목표언어를 배우는 상황에서 달성 가능한 목표인가라는 점에 대해 의문을 제기하는 학자들도 없지 않다.

하지만 교실 상황에서 외국어를 가르치는 데 있어서의 한계와 어려움에도 불구하고 교실에서 가르치는 것 자체를 포기할 수는 없는 노릇이다. 왜냐하면 많은 외국어 상황의 경우 그것이 유일한 방법이기 때문이다. 따라서 불가능한 것을 바라기보다는 현 상황에서 최상의 방법을 찾는 것이 현명한 일일 것이다. 이 점에서 외국어 상황에서의 효과적인 의사소통능력의 개발은 근원적인 한계의 효과를 최소한으로 줄이고자 하는 노력의 산물이라고 할 수 있을 것이다.

언어 능숙도 개발에서 성공을 증진시키는 요인들에 대한 연구는 외국어 교수/학습에 관한 연구에서 관심의 초점이 되어왔다. 언어 능숙도 개발에 영향을 미치는 주요 요인들을 찾아내기 위한 노력에서 Gradman과 Hanania(1991)는 학생들의 언어 배경에 관한 정보를 체계적으로 수집하였다. 그들의 연구에 의하면 언어 능숙도와 밀접한 상관관계를 보이는 변수들 중에는 교과과정 외의 읽기 정도, 목표어를 모국어로 사용하는 원어민 교사에 대한 노출 정도, 교수 언어로서 목표언어의 사용, 집중적 영어 프로그램에 대한 참여, 목표언어에 대한 긍정적 태도, 교사의 효과적인 교수방법, 장차 목표언어의 필요 정도 등이 포함된다고 하였다.

우리나라와 같이 영어를 제2언어가 아닌 외국어로 배우는 EFL 상황에서는 대개 교사는 나이, 그동안 받은 학교 교육, 문화, 이전의 학습 경험 등에서 상당히 동질적인 집단의 학생들을 만나게 된다. 하지만 심리언어학적인 연구 결과, 겉보기에 그렇게 동질적인 집단의 학생들조차 여러 가지 면에서 개인차가 있음이 나타났으며, 사실 이러한 차이가 언어 능숙도 발달에 미치는 영향에 대해 많은 연구들이 진행되어 왔다. 그러한 연구들 중에는 개인의 인격(personality)에 관한 연구(예: Ely, 1988; Moody, 1988; Stitsworth, 1988)와, 목표언어와 문화에 대한 긍정적인 태도에 관한 연구(예: Bacon & Finnemann, 1990; Dubin & Olshtain, 1986; Mantle-Bromley, 1995; Roberts, 1992), 강한 학습동기와 능숙도에 관한 연구(예: Bacon & Finnemann, 1990), 외국어에 대한 불안감(foreign language anxiety)에 관한 연구(예: Foss & Reitzel, 1988; Ganschow, Javorshy, Sparks, Skinner, Anderson, &

Patton, 1994; Phillips, 1992; Young, 1990), 학습자가 학습에 투자하는 시간 및 노력에 관한 연구(예: Lantolf & Frawley, 1985; Magnan, 1986) 그리고 전략(strategies) 사용에 관한 연구(예: Naiman, Frohlich, Stern, & Todesco, 1978; Oxford, 1990; Rubin, 1975) 등이 있는데, 이 연구들은 기술한 이런 요인들이 성공적인 언어 능숙도 개발에 주요 요인들이 된다는 점을 나타내 주고 있다.

많은 외국어 교실의 상황이 그렇듯이 학생들의 외국어 학습이 교실에 한정되어 있는 경우에는 교사 자신이 학생들의 성공적인 학습에 결정적인 요인이 된다는 것은 명백한 사실이다.

보다 구체적으로 말하자면 교사의 언어 능숙도뿐만 아니라(Brown, 1994; Gradman & Hanania, 1991), 적절한 교수기술과 학습 자료를 포함하는 교사의 적절한 교수방법(Auerbach, 1993; Holliday, 1994; Swaffer, Arens, & Morgan, 1982) 그리고 학생들의 용기를 꺾지 않는 교사의 인격(Strevens, 1987) 등이 학생들의 성공적인 언어 학습에 지대한 영향을 미치는 것으로 알려져 있다. 이러한 교사 요인들뿐만 아니라 학교와 행정관서가 책임을 져야할 요인들 또한 존재한다. 예를 들면 적절한 커리큘럼의 개발이라든가 자격을 갖춘 교사들의 채용, 신중한 교재 및 교수 자료의 선정, 필요한 시설의 제공, 도움을 필요로 하는 교사들에 대한 지원 등이 그러한 것에 속한다(Schulz, 1986).

위에 기술한 사항들은 학생들의 언어 능숙도 향상에 기여하는 요인들이 다양하다는 것을 나타내준다. 이 모든 요인들은 의사소통능력 개발에 필수적이라 할 수 있는 이해 가능한 언어 입력과 의미 있는 언어 사용의 기회를 보다 많이 제공하는 것과 관련이 있다(Gradman & Hanania, 1991).

5.2 의사소통능력 평가의 출제 원칙

평가는 교육에 있어서 주요한 역할을 담당한다. 그리고 그 역할은 평가의 목적인 측정을 넘어서는 영향을 가진 것으로 알려져 있다. 따라서 교육자들은 자신들이 만드는 평가가 교수 목표와 일치하도록 하는 것이 매우 중요하다. 그렇다면 의사소통능력 평가는 어떠해야 하는가? 그 특징에 대해 살펴본다.

의사소통능력이란 언어 형태에 대한 지식과 다양한 상황 속에서 적절한 언어 형태를 사용할 줄 아는 지식뿐만 아니라 실제 학습자가 그 지식을 의미 있는 의사소통 상황에서 사용할 줄 아는 정도를 의미한다(Canale & Swain, 1980). 학습자 내부에 존재하는 지식인 전자를 가리켜 영어로는 competence라고 하고 실제 수행하는 것을 일컫는 후자를 영어로는 performance라고 한다. 실제 어떤 사람의 언어 능숙도는 겉으로 나타나는 이 수행에 의해서 평가받는다. 그 사람이 아무리 풍부한 지식 즉, competence를 갖추었다고 하더라도 그것이 performance로 나타나지 못한다면 소용이 없다. 말하자면 지식만으로는 숙달된 언어 사용자가 될 수 없다. 물론 언어 수행은 근본적으로 아는 게 없으면 불가능하기 때문에 performance는 competence를 전제로 한다고 할 수 있다. 따라서 높은 언어 능숙도를 지닌 사람은 자신이 지닌 지식을 실제로 행할 수 있는 사람을 의미한다. 하지만 언어 그 자체가 개방적인 체계(open system)이기 때문에 한 화자의 언어 능숙도를 결코 절대적 의미로 규정지을 수는 없다는 주장이 있다.

Lantolf와 Frawley(1988)에 의하면 우리의 언어 사용은 운전에 비유될 수 있다고 한다. 사람들마다 다른 상황에서는 물론이고 같은 상황에서도 서로 다른 운전 기술을 사용할 수 있다는 것이다.

개인 화자의 언어 능숙 정도를 규정한다는 것이 어려운 일임에도 불구하고 사람이 의사소통을 위해 필요한 것이 무엇인가에 대해서 우리는 쉽게 알 수 있다. 오래전에 Morrow(1979)는 의사소통 과제는 상호작용(interaction), 내용을 예측할 수 없는 언어 사용(unpredictable use of language), 목적이 있는 언어 사용(purposeful use of language), 진정성 있는 언어(authentic language), 그리고 '누가', '누구를', '언제', '어디서', '왜' 등을 포함하는 어떤 상황(context)을 필요로 한다고 설명하였다. 따라서 개인의 언어 능숙도 평가는 언어 성취도 평가와는 구분되어야 한다. 능숙도 평가는 그 개인이 어떤 방법으로 언어를 배웠건 상관없이 그 사람이 현재 지닌 전체적이고 포괄적인 언어능력을 측정하고자 하지만 성취도 평가는 어떤 학습 내용을 얼마나 잘 습득했는가를 측정하고자 한다. 의사소통능력 평가 또는 언어 능숙도 평가가 다른 평가와 다른 점에 대해 Bachman(1991, p. 678)은 다음과 같이 기술하고 있다:

First, such tests create an "information gap," requiring test takers to process complementary information through the use of multiple sources of input.

A second characteristic is that of task dependency, with tasks in one section of the test building upon the content of earlier sections, including the test taker's answers to those sections.

Third, communicative tests can be characterized by their integration of test tasks and content within a given domain of discourse.

Finally, communicative tests attempt to measure a much broader range of language abilities — including knowledge of cohesion, functions, and sociolinguistic appropriateness — than did earlier tests, which tended to focus on the formal aspects of language — grammar, vocabulary, and pronunciation.

이상과 같은 특징을 지닌 의사소통능력 평가에서 평가 개발자가 유념해야 할 사항들을 요약하면 다음과 같다.

첫째, 어떤 특정한 상황에서 언어 사용을 하는 데 가장 중요한 구성요소인 언어 기술과 수행조건에 대해 가능한 한 정확하게 하는 것이 매우 중요하다.

둘째, 수험자의 의사소통능력을 측정하기 위한 표본(sample)은 가능한 한 대표적인 것이어야 한다. 다시 말하자면 의사소통능력을 제대로 측정하기 위해서는 의사소통능력을 최대한 보여줄 수 있는 대표적인 문항을 출제하여야 한다.

셋째, 각 상황에서 언어 능숙도를 적절히 측정하기 위해서는 언제, 어디서, 누구와 함께, 어떻게, 왜 그 언어를 사용하는지, 그리고 무슨 제목에 대해서, 어떤 효과를 얻기 위해 그 언어를 사용하는지에 대해 명확히 기술할 필요가 있다.

넷째, 의사소통능력의 결정요소로서의 상황의 역할이 강조되며, 따라서 상황에서 벗어난 것이 아닌 통합적인 측정방법이 강조된다. 언어는 상황(언어적인 상황, 담화적인 상황, 사회문화적인 상황)이 배재되면 의미가 없기 때문이다.

다섯째, 과제의 실제성(authenticity of tasks)과 텍스트의 진정성(genuineness of texts)에 대한 정의가 모호하고 그 실현에 있어서의 문제점에도 불구하고 평가에 있어서 이 두 가지를 추구하여야 한다.

이상에서 알 수 있듯이 의사소통능력을 제대로 평가한다는 것이 사실 쉬운 일은 아니다. 한 가지 문제는 언어 지식 또는 의사소통 지식이 실제 의사소통능력과 어떻게 연결되느냐 하는 점이다. 또 한 가지 문제는 의사소통능력을 제대로 측정하기 위해서는 수행하는 것을 보아야하기 때문에 직접 평가(direct testing)가 필요하고, 이런 평가는 실제의 언어적, 상황적, 문화적, 정의적 환경하에서 실제로 의사소통을 하는 수험생의 통합된 수행을 봐야하기 때문이다. 하지만 이는 말처럼 쉽지가 않은 것이 현실이다.

평가의 형식이나 내용 채점 기준 등은 평가의 목적을 반영하여야 한다(Wesche, 1987). 언어 능숙도 평가의 경우 이러한 목적들은 학생들이 실제 언어 사용 상황에서 목표언어로 무엇을 할 수 있을 것이라는 것을 나타내어야 한다. 다시 말하자면 이런 평가에서 학생들은 배운 것을 그대로 반복하는 것이 아니라 배운 것을 사용할 수 있다는 것을 보여줄 수 있어야 한다(Brown & Yule, 1983). 의사소통능력 평가에서는 언어 사용상의 학습자 능력을 측정할 수 있어야 한다는 것에 대해 Lantolf와 Frawley(1988, p. 192) 또한 다음과 같이 주장하고 있다:

any endeavor to determine what it means to be a proficient speaker of a language must be linked to people seen as active creators of their world — a world that is social and therefore a world not only of self but others. This is the perspective that must be adopted if the true factor of proficiency are to be uncovered.

평가가 학습자의 실제 의사소통능력을 측정하고자 한다면 자발적인 언어 사용과 실제 수행하는 것을 볼 수 있도록 당연히 직접 평가 또는 수행 평가여야 할 것이다(Clark, 1975; Jones, 1977). 그리고 평가 개발자는 의사소통에 사용되는 언어를 도출하기 위하여 상황과 의미, 의도 그리고 언어 사용 간의 관계에 잘 이해할 수 있어야 할 것이다 (Tardif & Weber, 1987). 또한 언어 능숙도를 보다 잘 이해할 수 있기 위해서는 능숙도 평가에 다양한 과제가 포함되어야 하며, 그 과제들은 주어진 상황에 해당하는 특정한 학습 내용보다는 의사소통 규칙 체계 자체를 건드릴 수 있는 그러한 과제여야 할 것이다(Wesche, 1981; 1987). 하나의 평가에서도 여러 과제가 포함되어야 하는 이유에 대해 Robison(1992, p. 682)은 다음과 같이 설명하고 있다:

1) It is more 'authentic' to use a mix of techniques, with the learner doing different things with the language — perhaps talking to different people.
2) Since different people are good at different tasks, it will be fairer.
3) A sequence of test tasks allows a more 'balanced' test to evolve, which mixes more communicative tasks with more mechanical ones, more subjective ones with ones that are more reliable or easier to mark.
4) A live test with several different parts is more 'flexible' and can be adapted quickly to meet changing circumstances or different needs.

평가는 학습자가 배운 모든 것을 다 포함할 필요는 없고 대표성을 지닌 표본만 포함하면 된다(Bachman, 1991; Robison, 1992). 하지만 중요한 것은 평가에 포함된 구성요소들이 실제 교육과정에서 배운 내용과 같아야 하며, 평가에서 사용되는 과제의 특성들은 교실에서 배우는 그런 종류의 능력이라야 한다. 언어 능숙도를 측정하기 위한 시험을 만들기 위해 Wesche(1981, pp. 560-561)가 일찍이 추천한 바를 소개하면 다음과 같다:

첫째, 사회언어학적인 변수가 언어 행위에 영향을 미치는 것을 포함하여 담화 내용이 의미 있게 처리될 수 있도록 내재화된 규칙 체계를 활성화하는 것이 필요하다.
둘째, 학습자가 목표언어로 수용 가능한 효율성—프로세스의 속도나 정확성, 상황 속에서의 적절성 등을 포함하여—으로 무언가를 "할 수 있는지" 평가하는 것이 필요하다.

셋째, 교육 목적을 반영하는 다양한 상황에서 다양한 언어 기능 (functions)을 수험자가 조작(manipulate)할 수 있는 능력이 있는지 평가하는 것이 필요하다.

넷째, 목표(또는 준거)지향 평가를 해야 한다. 그리하여 평가에서 수험생의 수행이 다른 수험생의 수행이 아니라 과제별 적절한 수행의 정의에 비교되도록 해야 한다. 다시 말해서 목표를 제대로 달성했는가를 보는 평가가 되어야 한다.

다섯째, 목표어의 원어민에 의한 포괄적인 판단을 사용하는 채점 방식을 사용하는 것이 필요하다.

여섯째, 현실적인 여건 때문에 우리는 위의 모든 특성을 갖춘 이상적인 평가를 항상 고집할 수는 없다. 하지만 이러한 특성들을 고려함으로써 우리가 개발하는 평가가 의사소통능력을 보다 잘 측정할 수 있도록 노력하는 것은 필요하다.

이상 여러 학자들의 주장과 제안에도 불구하고 특히 EFL 상황에서는 여러 면에서 공격으로부터 자유로운 완벽한 능숙도 평가를 개발하는 것은 대단히 어렵다. 이는 그런 평가를 개발하는 것 자체가 어려운 탓도 있지만 외국어로서의 영어를 가르치고 배우는 EFL상황에 존재하는 근본적인 한계에서 비롯되는 어려움이기도 하다. 하지만 그렇다고 해서 노력 자체를 포기해서는 안 될 것이다. 평가의 타당도와 신뢰도 그리고 실용성 사이에 최적의 전체적 균형을 잡을 수 있는 평가 형식과 평가 기준을 반드시 만들어야 한다. Keitges(1987, p. 402)는 타당하고 신뢰할 수 있으며 또한 실용적인 언어 능숙도 평가를 만들

기 위한 과정을 다음 다섯 단계로 축약하여 기술하고 있다:

첫째, 수험자의 의사소통의 필요성을 분석하라;
둘째, 대표성을 지닌 과제를 선정하라;
셋째, 채점 기준을 정하라;
넷째, 한계점에 대해 고려하고 그에 맞게 평가를 조절하라;
다섯째, 채점자를 훈련시켜라.

이상에서 기술한 내용을 바탕으로 평가를 통해 긍정적 환류효과를 얻기 위해서는 평가 개발자는 다음 사항들을 유념해야 할 것이다. 첫째, 평가 내용은 학생들이 개발해야 할 능력을 측정해야 한다. 둘째, 평가 문항들은 다방면에서 대표성을 지닌 것으로 선택해야 한다. 셋째, 직접 평가를 사용해야 한다. 넷째, 목표(준거)지향 평가여야 한다. 다섯째, 성취도 평가라고 하더라도 궁극적으로는 언어 능숙도지향 성취도 평가(prochievement test)라야 한다. 여섯째, 평가가 어떤 것일지에 대해서는 교사나 학생 모두 알 수 있게 해야 한다. 그래야만 그 방향으로 가르치고 학습할 것이기 때문이다.

5.3 외국어 학습 상황에서의 의사소통능력 평가

언어 교수와 언어 평가가 서로 관련이 있어야 하고(Rudner & Schafer, 2002) 언어 교수의 목적이 의사소통능력을 개발하는 데 있다면 교사는 학생들이 그러한 목적을 향해 얼마나 발전하고 있는가를 평가할 수 있어야 한다(Fischer, 1981). 하지만 불행하게도 많은 언어 프로그램에서 언어 교수와 언어 평가가 서로 잘 맞지 않고 있다(Brown & Hudson, 1998; Shohamy, 1983). 교사가 가르치고자 하는 것과 평가 내용이 일치하지 않는 경우도 많다. 언어 교수와 평가 사이의 이러한 불일치가 바로 우리의 교육목표가 만족할만한 수준으로 성취되지 못하고 있는 가장 큰 이유가 아닐까 한다. 따라서 이 둘 사이의 괴리를 해소하기 위해서는 무엇보다 평가가 교수 내용을 반영하는 것이 되도록 해야 할 것이나. 하지만 문제는 EFL 상황에서는 의사소통능력을 개발하는 것뿐만 아니라 평가한다는 것이 여러 가지 근원적인 한계 때문에 결코 쉬운 일이 아니다(Swan, 1985).

평가는 학생들의 현재 학습 습관뿐만 아니라 미래에까지도 영향을 미친다. 학생들은 시험을 위해서 공부를 하고 따라서 테스트는 학생들의 학습 습관을 형성할 수밖에 없다. 정책 결정자들이 어떤 교육목표를 세우든 상관없이 학생들은 시험에서 좋은 점수를 받는 것이 당장의 목표일 수밖에 없고, 따라서 시험에서 요구되는 것에 민감할 수밖에 없다. 이러한 현실에서 전문가들이 해야 할 일은 학교에서 실시되는 시험이 유익한 환류효과를 가져오도록 하는 일일 것이다. 하지만 현실은 이 점에서 만족스럽지 못하다. 인간의 행동에는 그 원인이 있기 마련이다. 아무리 좋은 평가 방법에 대해서 학자들이 주장을 한다고 해도 학교 현장에서 교사들이 그것을 실행하지 않거나 못하는 데에는 반드시 그 원인이 있다. 따라서 그 원인을 찾아내어 제거하기 위한 노력이 중요할 것이다. 만약 그 원인이 제거하기 힘든 원인이라면 접근 방식이 달라져야 할 것이다. 아무리 그럴듯한 방법이라고 하더라도 현실적으로 실현 가능성이 희박한 것을 계속 고집하는 것은 에너지 낭비일 뿐이다. 보다 효율적인 방법의 모색이 필요하다.

제6장

수행 평가

6.1 수행 평가의 개념과 특징

요즘 우리가 일반적으로 사용하고 있는 수행 평가라는 용어는 사실상 여러 가지 개념을 포함하는 용어이다. 수행 평가(performance assessment)는 전통적인 지필고사에 의한 평가의 형태와 구별한다는 점에서 대안평가(alternative assessment)로, 수행과제들이 실제 생활의 문제들을 다룬다는 점에서 참평가(authentic assessment)로, 수험자가 가진 능력과 기술을 보여주게 한다는 점에서 직접 평가(direct assessment)라는 용어들을 사용되고 있다. 어떤 용어를 사용하든 수행 평가는 전통적인 평가와는 다음과 같이 다른 특징을 지니고 있다고 요약할 수 있다(최연희 & 윤소영, 1999).

1) 학습자들이 문제의 정답을 선택하는 것이 아니라 직접 작성하거나 행동으로 나타나도록 하는 평가 방식이다.
2) 인위적인 가상 상황을 설정하기보다는 실생활에 관련되는 실제 상황을 제시하여 학습자들에게 과제 수행이 보다 의미 있고 도전적이며 참여적인 활동이 되도록 한다.

3) 교수·학습의 결과뿐만 아니라 그 과정도 중시하므로 다양한 해결책을 모색해 가는 절차나 전략에도 관심을 갖는다.

4) 일회적으로 평가하기보다는 학습자의 변화, 발전 과정을 종합적으로 파악하기 위하여 전체적이고 지속적으로 이루어지는 것을 강조한다.

5) 수행과제는 여러 가지 지식과 기능을 통합하거나 여러 교과목의 내용에 걸쳐 통합적으로 제시될 수 있다.

6) 실제 생활에서 모든 사람들은 다른 사람들과 어울려 도움을 주고받으며 살아간다. 그러므로 개인이나 집단을 평가할 때도 서로간의 성취를 상대적으로 비교하는 것이 아니라 절대적인 준거에 의하여 평가하여야 하고 학습자들은 서로 경쟁하기보다는 협력적으로 과제를 수행해 갈 수 있다.

7) 단순 암기력보다는 종합력, 응용력, 분석력, 창의력, 문제 해결력과 같은 고등 정신 능력에 대한 평가를 주로 하며, 아울러 태도, 흥미와 같은 정의적 능력과 신체적 능력까지의 종합적이고 전인적인 평가를 중시한다.

8) 수행 평가의 결과가 학습자들을 선발, 분류, 배치하는 데 쓰일 수도 있지만 근본적인 목적은 학습 과정을 진단하고 학습자 개인의 강점과 약점을 알려주어 개별 학습을 촉진하는 데 있기 때문에, 평가 과정 자체가 교실 수업 활동의 일부로 쉽게 통합될 수 있다.

9) 수행과제에 관련된 평가 기준이 미리 공개되고 알려진다. 학습자들은 과제를 수행하기 이전에 자신들이 받게 될 평가의 기준을 알고 있으므로 이것을 이용하여 자신의 수행 정도를 스스로 파악해 볼 수 있고 자가 평가에 대한 연습을 하게 된다.

그러면 구체적인 예를 들어 수행 평가가 전통적인 평가와 어떻게 다른지 살펴보기로 한다.

6.2 수행과제 및 평가의 예(Kim, S.-A., 2013)

1) 수행과제

지면 관계상 수업한 내용을 모두 소개할 수는 없고 간략하게 학습 목표와 학생들이 수행할 과제를 소개하면 다음과 같다. 우선 학습 목표는 학생들이 의미 있는 언어 사용을 통해 목표언어로서 의사소통하는 능력을 기르는 데 있다. 이를 위해 구체적으로 정한 수행과제는 학생들이 모둠을 정하여 방학을 이용하여 외국으로 여행을 가기 위해 방문 도시를 정하고 여행 계획을 짜는 것이다.

학생들은 모둠으로 활동을 하게 되며, 각 모둠은 5~6명으로 구성되어 있다. 모둠 활동을 위하여 학생들은 미리 주어진 숙제를 해 와야 하는데 그 숙제는 자신이 방문하고 싶은 외국의 도시에 대해 조사해 오는 것이다. 일단 숙제를 해 온 학생들이 모둠 활동에서 구성원들에게 자신이 선택한 도시에 대해 소개하고 모둠 구성원들과 서로 협의하여 자신들이 함께 방문할 가장 좋은 도시를 선택하는 것이다. 도시가 선정되면 각 모둠은 전체 학생들에게 자기 모둠의 선정 도시에 대해 소개해야 한다. 이 프레젠테이션에서는 그 도시가 어느 나라의 어디에 위치하고 있는지, 인구는 얼마인지, 도시의 장소는 어딘지, 모둠이 왜 그 도시를 선정하였는지 등에 대해 말해야 한다. 프레젠테이션이 끝나고 나면 각 학생들은 과제 후 활동으로 쓰기를 해야 하는데, 그 내용은 모둠 활동에 대한 요약이다. 쓰기는 시간이 걸리기 때문에 집에서 숙제로 해오게 해도 무방하다. 이 과제 후 활동은 두 가지 목적이 있다. 첫째는 학생들이 모둠 활동에 집중하게 만들기 위함이고 둘째는 배운 내용을 내재화하는 데 도움이 되게 하기 위해서이다.

2) 평가

모둠 활동 후 과제 수행에 대한 평가는 두 가지에 초점을 맞춘다. 하나는 개인의 노력이고 다른 하나는 모둠의 협력이다. 개인의 노력과 모둠 구성원들 간의 협력이 없이는 모둠 활동이 제대로 될 수가 없기 때문이다. 따라서 개인으로서 충분히 노력을 했고 모둠 구성원으로서도 협력적이었다면 누구나 현재의 목표언어능력에 상관없이 만점을 받을 수 있다고 평가 지침을 미리 학생들에게 알렸다. 이는 현재 자신의 목표언어능력이 낮은 학생에게도 충분한 동기 유발이 된다.

각 개인 학생들에 대한 평가는 크게 세 단계로 이루어진다. 즉, 과제 전 활동(pre-task activity), 과제 활동(task activity), 그리고 과제 후 활동(post-task activity)이 그것들이다. 과제 전 활동에 대한 평가는 모둠 활동을 위한 준비 작업으로 숙제를 충실히 해왔는지 여부이다. 과제 활동은 교실에서의 모둠 활동 참가와 협조에 초점을 맞춘다. 과제 후 활동은 교실에서의 모둠 활동과 프레젠테이션을 통해 얻은 지식 및 심화활동으로 제공된 여행 관련 액션시리즈 익히기에 대한 평가이다. 각 단계별 평가 항목에는 다음 사항들이 포함된다.

(1) 과제 전 활동에 대한 평가
① 모둠 활동에 대한 준비 노력에 대한 평가
② 교사가 모둠 활동을 위해 제공한 어휘와 표현에 대해 미리 공부했는지 여부를 쉽고 간단한 퀴즈로 평가

(2) 과제 활동에 대한 평가
① 모둠 활동에 대한 참가

② 목표언어를 사용하고자 하는 노력

③ 완성된 과제에 대한 구두 프레젠테이션

(3) 과제 후 활동에 대한 평가

① 모둠 활동에 대한 쓰기 요약

② 여행 관련 액션시리즈에 대한 퀴즈

아래 제시된 〈표 2〉는 모둠 활동을 통한 과제 수행에서 개인 학생이 받게 될 평가표이다. 표를 통해 알 수 있듯이 개인 평가와 모둠 구성원으로서의 평가가 모두 포함되어 있는데 어떤 부분은 개인 평가이고 어떤 부분은 모둠 구성원으로서의 평가이다.

〈표 2〉 개인 학생에 대한 평가표

Activity	Focus of Evaluation	Type	Performer	Score
Pre-task	Preparation Effort	Homework	Individual	/4
	Knowledge of Vocab. & Expressions	Quiz	Individual	/4
	Comprehension of Reading Materials		Individual	/4
Task	Participation in the Group Task	Observation	Individual	/4
	Efforts to Communicate in the TL	Observation	Individual	/4
			Group	/4
	Oral Presentation	Observation	Group	/4
Post-task	Summary of the Task	Homework	Individual	/4
	Action Series	Quiz		/4

NAME: _____   TOTAL SCORE   /36

위의 평가표에서 짐작할 수 있듯이 학교 교육에서 수행 평가는 학생들의 능력을 구분하는 데 있다기보다는 교육적인 성격이 강하다.

다시 말하자면 수행 평가를 학습의 일부로 보는 경향이 강하다. 따라서 현재 가진 능력이 낮은 학생도 이런 수행 평가를 통해서는 좋은 점수를 받을 수 있게 하는 것이 학습동기 유발 차원에서도 바람직하다.

제7장

평가 문항 개발

이 장에서는 평가 문항별 특징과 평가 문항 원칙, 객관식 평가 문항 개발을 위한 팁, 그리고 문항 분석과 해석은 어떻게 해야 하는지에 대해 살펴보도록 하겠다.

7.1 평가 문항의 종류별 특징

1) 객관식 평가

객관식 평가(multiple-choice test)의 기본 구조는 문제 제기(stem)와 여러 개의 보기(options)로 구성된다. 이때 문제는 수험생으로 하여금 보기들 중에서 옳은 답을 고를 수 있게 하는 단초를 제공할 수 있어야 한다. 보기(options)는 정답(correct option)과 오답들(distractors)로 구성된다.

예) They have lived here ＿＿＿＿＿＿ last year.
　　a. during　　b. for　　c. while　　d. since

이러한 객관식 평가의 장점 중 하나는 같은 시간 안에 수험생들로 하여금 보다 많은 문항들을 풀게 함으로써 평가의 신뢰도를 높일 수 있다는 점이다. 다른 평가 종류에 비해 보다 다양한 내용을 포함시킬 수 있기 때문이다. 객관식 평가의 또 다른 장점은 채점에 있어서 완전한 신뢰도를 가지며, 빠른 시간 안에 경제적인 채점을 할 수 있다는 점이다. 하지만 이러한 장점에 비해 단점도 적지 않다. 객관식 평가의 단점은 첫째, 인지 지식(recognition knowledge)만을 측정할 뿐이라는 점이다. 둘째, 제대로 알지 못하고 추측에 의해 정답을 맞혔더라도 제대로 알고 맞힌 경우와 구별이 안 된다는 점이다. 셋째, 보기가 제대로 만들어지지 않는 경우가 있어서 문항을 만들 수 없는 경우도 있다는 점이다. 이 점에서 평가할 수 있는 부분이 제한된다고 할 수 있다. 넷째, 수험생이 답하는 방법은 간단하지만 성공적인 평가 문항을 개발하는 것은 결코 쉽지 않다. 다섯째, 속이기(cheating)가 용이하다. 주관식 평가에 비해 남의 것을 베끼기도 쉽고 스스로도 부정한 방법으로 정답을 쓰기도 용이하다. 여섯째, 환류효과가 해로울 수 있다. 언어능력 평가의 경우 우리가 개발하고자 하는 것은 학생들이 그 목표언어를 실제 사용하는 능력을 기르고자 함인데 평가를 객관식으로 한다면 높은 점수를 받기 위해서는 반드시 수행해야 할 필요가 없다. 지필고사로서 지식 평가에 지나지 않기 때문에 가르치는 사람이나 배우는 사람이나 지식만 쌓으면 되기 때문이다. 이런 방법으로는 결코 제대로 된 언어 구사력을 기를 수 없다는 점은 이미 잘 알려져 있다.

　의사소통능력을 개발하기 위해서는 평가도 직접 평가가 되어야 한다는 주장(Underhill, 1987)에도 불구하고 학교의 교사들은 여전히 간접 평가에 매달리는 경향을 보이는 것이 현실이다. 특히 개인 선생님들의 업무가 과중하고 많은 학생들을 가르쳐야 하는 많은 EFL 상황에서는 시간적인 효율성이 가장 중요한 부분이라고 할 수 있는데(Pino, 1989) 그런 점에서 객관식 평가는 교사들이 가장 선호하고 또한 가장 널리 쓰이고 있는 교내 평가 방식이 될 수밖에 없다.

아무리 평가가 타당하고 신뢰도가 높다고 하더라도 실용적이지 못하면 사실상 소용이 없다(Weir, 1990). 이런 점에서 객관식 평가는 교사들에게 충분히 매력적인 형태의 평가 방식임에 틀림없다(Bailey, 1998; Burton, Sudweeks, Merrill, & Wood, 1991; Heaton, 1990; McDonald, 2006; Weir, 1990). 객관식 평가의 장점에 대해 Weir(1990) 말하기를, 쉽게 수치화할 수 있는 결과가 있고, 다양한 분야에서 문제를 출제할 수 있으며, 채점이 효율적이고 객관적이라고 주장하였다. 이와 유사하게 Burton 외(1991)도 객관식 평가는 잘 만들어지기만 하면 학생들이 교육목표를 어느 정도 성공적으로 성취했는지를 판단하는 데 사용하기에 더 적절하다고 주장한 바 있다.

객관식 평가의 잠재적인 이점에도 불구하고 객관식 문항을 잘 만들기란 매우 어려우며, 시간과 노력을 많이 요구하는 것도 사실이다(Hughes, 1989). 따라서 주의 깊게 출제를 하지 않으면 심각한 약점을 보이기도 한다. 잘못 만들어진 문항은 수험자들에게 혼돈과 스트레스를 줄 뿐만 아니라, 그런 문항으로 친 시험의 점수는 학생들의 성취를 제대로 측정하였다고 볼 수가 없다.

평가는 그 자체만으로 좋거나 나쁘다고 할 수 없으며, 단지 도구에 불과하다(Brown & Hudson, 1998). 따라서 어떤 도구를 선택하든 교사가 해야 할 일은 그 도구가 교수 및 학습에 도움이 되게 해야 한다는 점이다. 하지만 이는 교사가 좋은 평가 문항을 만드는 데 필요한 지식과 기술을 가르쳤을 때 가능한 일이다. 아래 소개되는 부분은 여러 학자들(예: Burton, et. al, 1991; Frary, 2002; Genesee, & Upshur, 1996; Heaton, 1990; Kehoe, 2002; McDonald, 2006)이 평가 문항 작성에 있어서 유의해야 한다고 주장한 규칙들을 설명을 곁들여 기술한 것이다.

1) 문항에 사용된 언어는 이해를 잘할 수 있도록 명확해야 한다.
2) 정답은 상식이 아니라 언어 기술이나 내용에 대한 지식에 바탕을 두고 선택할 수 있는 것이어야 한다.
3) 수험자는 문항에 대한 정답을 고르기 위해 문항 내용을 충분히 이해해야 한다. 다시 말해서 내용을 제대로 이해하지 못하고도 정답을 고를 수 있는 일이 있어서는 안 된다.
4) 문항에 사용된 언어는 문법적이어야 하며 말이 되어야 한다.
5) 문항의 난이도가 수험자 집단의 수준과 맞아야 한다.
6) 문항은 수험자가 답을 고르기 위해 제시된 것을 읽도록 만들어야 한다.
7) 문항의 몸통 혹은 도입부(stem or lead)에서는 해결해야 할 문제 제기가 있어야 한다.
8) 문항의 몸통 혹은 도입부와 보기(options)는 서로 연관이 있어야 한다.
9) 문항은 불필요한 잉여부분 또는 반복(redundancy or repetition)을 포함시키지 않아야 한다.
10) 모든 보기는 어느 정도 매력이 있어야 한다.
11) 보기에는 불필요한 정보가 포함되어서는 안 된다.
12) 보기들은 서로 중복되어서는 안 된다.
13) 보기들은 길이나 난이도 면에서 서로 비슷해야 한다.
14) 문항 외적인 암시로 답을 고르는 데 도움을 주어서는 안 된다.

비록 이상에서 소개한 규칙들이 테스트를 완벽하게 만드는 데 필

요한 모든 것이라고 말할 수는 없지만 객관식 문항의 질을 평가하는
데 중요한 판단 기준이라고 생각된다.

2) 포괄적 평가

(1) 클로즈테스트

클로즈테스트(close test)는 모국어 읽기 능력을 측정하기 위하여
Taylor(1953)에 의해 처음 개발되었다. 주로 200자 내지 500자 정도로
구성된 지문에 매 여섯 번째 또는 일곱 번째 단어마다 괄호를 쳐서
수험생으로 하여금 알맞은 단어를 끼워 넣게 하는 형태의 테스트이
다. 이 방법은 Oller에 의해 포괄적(global)이며 통합적(integrative)인 평가
방법이라고 주장되었는데, 여기서 포괄적이라는 말은 응답하는 방식
에 있어서 분리적이 아니고 포괄적이라는 뜻이며, 통합적이라는 말
은 수험생에게 요구되는 과제 면에서 분리적이 아니고 통합적이라는
뜻이다. 예를 들면 '시 암송하기'는 응답하는 방식으로 보면 문장들을
줄줄 말하는 것이니 상당히 포괄적이긴 하지만 이는 단순한 암기를
요구하는 과제이기 때문에 과제 면에서는 통합적 기술을 요구하는
것이 아니고 극히 분리적인 과제라고 할 수 있다. 클로즈테스트도 얼
핏 보면 괄호 속에 단어만 끼워 넣으면 되는 것 같은 단순한 형태의
평가이지만 사실은 단어 지식, 문법 지식, 문맥의 흐름, 심지어는 문
화적인 지식까지도 요구되는 시험이라는 점에서 한 가지 기술만을
요구하는 테스트는 분명 아니다. 또한 단어를 직접 써 넣는 응답 방
식이기 때문에 단순히 보기 중에서 하나를 고르는 응답 방식보다는
좀 더 포괄적인 응답 방식이라고 보고 있다. 〈부록 A〉에 나타난 바와
같이 물론 클로즈테스트보다 훨씬 포괄적이고 통합적인 평가 형식—

예를 들면 시 쓰기, 그룹 토론하기, 에세이 쓰기 등—들도 있지만 그런 평가들은 난이도 면에서 일반 학교 교육에서 학생들을 대상으로 실시하기에는 너무 어려워 사용하기가 곤란하다. 따라서 클로즈테스트나 받아쓰기 정도만 해도 단편적인 언어 지식을 측정하는 평가들에 비하면 포괄적이고 통합적인 방법이라고 할 수 있다.

클로즈테스트는 채점 방식이 두 가지가 있는데, 하나는 정확히 원문에 있는 단어만 정답으로 인정하는 경우이고 다른 하나는 의미가 통하면 점수를 주는 경우이다. 전자의 경우는 안면타당도(face-validity)에 문제가 있을 수 있다. 왜냐하면 특정 단어가 들어가도 문맥 상 전혀 문제가 없음에도 불구하고 단지 원문에 없다는 이유만으로 답으로 인정 안하는 경우이기 때문이다. 반면 후자의 경우에는 신뢰도에 문제가 있을 수 있다. 왜냐하면 정답이 너무 여러 가지 다 가능한 경우가 있기 때문이다. 어쨌든, 클로즈테스트는 통합적 기술을 측정하는 테스트로 알려져 있으며, 비교적 만들기 쉽고 채점하기도 쉬운 형태의 테스트로 알려져 있다.

(2) C-테스트

이 평가는 클로즈테스트의 한 변형이라고 할 수 있는데, 아래 예에서 알 수 있듯이 두 번째 단어마다 철자의 후반부 반이 제거되고 수험생이 그것을 써 넣는 방법이다. 이 평가는 클로즈테스트와는 달리 단어의 일부가 주어지기 때문에 답은 한 가지 밖에 없다는 장점이 있다. 또한 괄호가 많기 때문에 짧은 지문을 사용할 수 있고 따라서 같은 시간이 주어진 시험에서 클로즈테스트와는 달리 다양한 여러 종류의 지문들을 포함시킬 수 있기 때문에 다양한 제목, 다양한 스타일, 다양한 언어 난이도 등을 다룰 수 있다는 장점도 있다. 하지만 이 평가는 괄호가 너무 빈번히 있기 때문에 수험생의 입장에서 볼 때 클로즈테스트보다는 읽어 내려가기가 힘들다는 단점이 있다. 또한 답이 지문 속에 포함되어 있는 경우도 있으며, 어떻게 보면 평가라기보다는 퍼즐을 푸는 것 같아 퍼즐을 잘 푸는 학생에게 유리한 측면이 있다. 이런 여러 가지 문제와 함께 또 하나의 문제는 문제를 내는 사람의 입장에서도 제법 시간이 많이 걸린다는 단점이 있다. 그래서인지 현실적으로 널리 쓰이지는 않는 것 같다.

〈C-테스트의 예〉

There are usually five men in the crew of a fire engine. One o them dri_____ the eng_____. The lea_____ sits bes_____ the dri_____. The ot_____ firemen s_____ inside t_____ cab o_____ the f_____ engine. T_____ leader h_____ usually be_____ in t_____ Fire Ser_____ for ma_____ years. H_____ will kn_____ how t_____ fight diff_____ sorts o_____ fires.

S_____, when t_____ firemen arr_____ at a fire, it is always the leader who decides how to fight a fire. He tells each fireman what to do.

(Klein-Braley and Raatz, 1984)

(3) 받아쓰기

클로즈테스트와 함께 받아쓰기(dictation)도 대부분의 언어에 존재하는 잉여적 특성(redundancy features)들을 학생들이 잘 이해하고 있는지를 측정하는 테스트이다. 이 받아쓰기 평가의 결과는 다른 일련의 분리 테스트나 통합 테스트의 결과들뿐만 아니라 학생의 언어 능숙도에 대한 교사의 판단과도 높은 상관관계를 보이는 것으로 알려져 있다. 하지만 여기서 말하는 받아쓰기는 흔히들 학생들이 학교에서 배운 내용에 대해 받아쓰기 하는 그런 형태의 받아쓰기가 아니다. 구체적인 과정을 소개하면 다음과 같다.

1) 학생들이 받아쓰기 할 내용과 그들의 경험을 관련지음으로써 받아쓰기에 대한 동기를 유발시킨다.
2) 받아쓰기할 내용에 대한 요약을 해준다.
3) 받아쓰기 할 지문에 포함된 발음이나 어휘, 개념, 문장 구조 등이 어렵다고 판단되면 교사는 이를 설명해준다.
4) 학생들은 듣기만 하고 교사는 정상 속도로 지문을 읽는다.
5) 교사는 지문을 의미 단위로 끊어서 천천히 읽어주고 학생들은 받아쓴다.
6) 교사는 지문을 정상 속도로 다시 읽어 주고 학생들은 자신이 쓴 것을 보면서 수정할 부분을 수정한다.
7) 시간을 몇 분 더 주면서 최종적으로 다시 적은 것을 점검하라고 한다.
8) 채점을 한다.

받아쓰기 결과물에 대한 채점 방식은 세 가지가 있다. 즉, 1) 모든 철자가 다 맞아야 정답으로 인정하는 방식, 2) 음성적인 유사성이 있을 때 일부 점수를 주는 방식, 그리고 3) 불러 준 문장과는 다르지만 의미상 유사할 때는 일부 점수를 주는 방식 등이 있다.

받아쓰기나 클로즈테스트가 전통적인 분리 평가에 비해 전체적이고 통합적인 평가임에는 틀림없으나, 두 평가 형식 모두 지필고사로서 실생활 언어 사용의 특징이라고 할 수 있는 사회언어학적인 측면은 다룰 수 없다는 게 단점이다. 이러한 사회언어학적인 측면은 언어 학습에 있어서 사람들 사이에서의 상호작용을 통한 의사소통을 강조하는 사회언어학적인 견지에서 보면 아주 치명적인 단점이라고 할 수 있겠다.

아래 클로즈테스트가 기존의 객관식 문항보다 포괄적이고 통합적인 이유를 살펴보자. 얼핏 보면 괄호 속에 단어만 끼워 넣으면 되는 간단한 문제인 것 같지만 이는 결코 어휘 능력 평가가 아니다. 여러 가지 능력을 필요로 한다. 물론 괄호 속에 단어를 넣기 위해서는 어휘 지식이 있어야 할 것이다. 하지만 어휘를 문맥에 맞게 넣기 위해서는 문법적인 지식 또한 필수적이다. 동사의 경우 시제에 대한 지식이 있어야 할 것이고 재귀대명사의 경우 주어에 맞게 넣을 수 있어야 할 것이다. 뿐만 아니라, ⑯번 경우에는 미국의 집 구조 및 신문 배달 방법에 대한 상식도 있어야 문제를 풀 수 있다. 즉, 문화적인 지식까지 요구되는 문항이다.

(클로즈테스트의 예)

Publish or Perish

On Sunday, November 8, the Dallas Chronicle published an exclusive front-page story about a 72-year-old retired oil engineer who had been a Soviet ___①___ and an FBI double ___②___. Although the engineer, R. J. ___③___ admitted his espionage activities ___④___ the Chronicle, he repeatedly ___⑤___ suicide if exposed. Seven ___⑥___ before the presses were ___⑦___ roll, R. J. called the ___⑧___ and learned the story ___⑨___ running.

"Well, I guess ___⑩___ know that leaves me ___⑪___ choice but to kill ___⑫___ in the morning," he ___⑬___ to the city editor. The ___⑭___ morning, as the Chronicle ___⑮___ being tossed on Dallas ___⑯___, R. J. went into the ___⑰___ of his Wilmette, ILL. home ___⑱___, according to the police, shot ___⑲___.

답) ① spy,　　② agent,　　③ had,　　④ to,　　⑤ threatened

⑥ hours,　　⑦ to,　　⑧ editor,　　⑨ was,　　⑩ you,

⑪ no,　　⑫ myself,　　⑬ said,　　⑭ next,　　⑮ was,

⑯ doorsteps,　　⑰ study,　　⑱ and,　　⑲ himself

위와 같은 점을 감안하면 Oller의 주장대로 클로즈테스트는 이전의 단편적인 언어 지식만 묻는 분리 평가(discrete-point test)에 비해 답하는 방식에서는 보다 포괄적(global)이고 수험자가 수행해야 할 과제 면에서는 보다 통합적(integrative)이라고 할 수 있을 것이다. 물론 〈부록 A〉의 수험자에게 요구되는 과제와 응답 방식에 따른 평가 문항의 분류에서도 알 수 있듯이 에세이 쓰기, 토론 등과 같이 Oller가 주장하는 포괄적이고 통합적인 평가인 클로즈테스트나 받아쓰기보다 훨씬 포괄적이고 통합적인 평가들이 있다. 하지만 그런 평가들은 일반적으로 학교 교육에서 외국어를 배우는 대부분의 학생들에게 적용하기에는 수준이 너무 높아 실시하기가 힘든 것이 사실이다. 따라서 학교 교육에서는 클로즈테스트나 받아쓰기만 해도 충분히 통합적이라고 여길 수 있을 것이다.

7.2 평가 문항 개발 원칙

평가의 타당도 및 신뢰도를 높이기 위한 이상의 여러 가지 사항들을 고려하여 좋은 평가를 개발하기 위한 일반적인 문항 개발 원칙을 제시하면 다음과 같다..

1) 측정하고자 하는 행위의 충분한 표본을 이끌어 낸다. 예를 들어 말하기

능력을 측정하고자 하면 측정을 위한 말하기 데이터를 충분히 확보할 수 있도록 평가가 이루어져야 한다는 의미이다.

2) 수험자들에게 지나치게 많은 자유를 주어서는 안 된다. 예를 들어 질문들을 선택하게 한다든가 답을 하는 데 있어서 자의적으로 답할 수 있도록 지나치게 자유를 많이 주는 것은 바람직하지 않다. 이 경우 수험자들 간의 비교가 어렵다.

3) 문항을 애매모호하게 만들지 않아야 한다. 수험자의 입장에서 볼 때 무엇을 묻고 있는지 이해하기 곤란한 문항이 되어서는 안 된다.

4) 지시문을 뚜렷하고 명백하게 만들어서 혼돈이 일어나지 않고 쉽게 이해할 수 있도록 해야 한다.

5) 평가 문항들이 잘 배열되어 있고 읽기에도 전혀 지장이 없도록 만들어져야 한다.

6) 수험자들은 평가 형식이나 평가 기술에 익숙해야 한다. 평소 접해보지 못한 형식의 평가는 좋지 않다.

7) 모든 수험자들에게 통일되고 방해받지 않는 평가 환경을 제공해야 한다.

8) 최대한 객관적인 채점이 되도록 해야 한다.

9) 평가 결과에 관하여 수험자들 간의 비교가 최대한 직접적으로 될 수 있게 한다.

10) 상세한 정답지를 만들어야 한다. 객관식 평가는 문제가 없지만 주관식 평가의 경우에는 이것이 매우 중요하다.

11) 주관식 평가의 경우 채점자를 잘 훈련해야 한다.

12) 주관식 평가의 경우 채점을 하기 전 어떤 것을 정답으로 인정할 것이며 어떤 답에 어느 정도의 점수를 줄 것인가 등에 대해 의논해야 한다.

13) 채점을 할 때에는 수험자의 이름을 가리고 번호로써 구분해야 한다. 이름을 알고 채점을 할 경우 수험자에 대한 채점자의 선입관이 작용할

우려가 크기 때문이다.

14) 주관식 채점의 경우 다인수 채점이 필요하며 서로 독립적으로 채점해
  야 한다.

이상의 개발 원칙들은 주관식이나 객관식 문항 개발 모두에게 적
용될 수 있는 일반적인 문항 개발 원칙들이라고 할 수 있다. 그렇다
면 학교 현장에서 가장 널리 쓰이고 있는 객관식 문항 개발은 구체적
으로 어떻게 해야 하는지 알아보기로 한다.

7.3 객관식 평가 문항 개발을 위한 팁

객관식 평가 문항은 현실적으로 가장 널리 쓰이고 있고 학교 현장
의 교사들도 가장 선호하는 평가 방식이라, 다른 어떤 평가 방식보다
도 먼저 교사들의 전문성이 확보되어야 할 부분이다. 평가 문항 개발
을 위한 팁을 소개하자면 다음과 같다.

1) 문제에는 피험자가 해결해야 할 문제 제기가 포함되어야 한다. 피험자
  가 모든 보기를 읽고 난 뒤에야 출제자의 의도를 파악할 수 있는 그런
  문제는 결코 좋은 문제가 못된다. 그런 점에서 다음 예시 (문항 A)보다
  는 (문항 B)가 더 좋은 문항이다.
  (문항 A) Turn on the . . . .
       a. reflection   b. sun   c. light   d. dark
  (문항 B) I can't see the paper, please turn on the . . . .
       a. reflection   b. sun   c. light   d. dark
2) 같은 말을 반복해서 보기에 넣는 것보다는 문제 몸통 혹은 도입부(stem

or lead)에 반복되는 말을 포함시키는 것이 좋다. 수험자로 하여금 같은 말을 반복해서 읽게 만드는 번거로움을 주지 않기 위해서이다. 그런 점에서 다음 예시 (문항 A)보다는 (문항 B)가 더 바람직한 문항이다.

(문항 A) The snow is melting because _____.

     a. it's so warm   b. it's so cool

     c. it's so cold   d. it's so icy

(문항 B) The snow is melting because it's so _____.

     a. warm   b. cool   c. cold   d. icy

3) 측정하고자 하는 능력이 아니라 외적인 힌트에 의해 정답을 고를 수 있도록 하는 일이 없어야 한다. 아래 (문항 A)에서는 'an'이라는 힌트로 인해 단어의 뜻을 모르고도 모음으로 시작하는 단어만 고르면 정답이 된다. (문항 B)에서는 'album'이라는 단어 하나 때문에 정답을 고를 수 있으며, (문항 C)에서는 Mary가 사람 이름이니까 답도 사람이름만 고르면 된다. 그리고 (문항 D)에서는 'grass'에서 힌트를 얻어 땅위의 동물만 고르면 정답이 된다. 문장을 해석할 필요가 없다.

(문항 A) I'm hungry; I think I'll eat an . . . .

     a. pen   b. apple c. coffee pot   d. tie

(문항 B) This is a 33-1/3 RPM album, would you play it on the . . . . ?

     a. range   b. TV   c. stereo   d. bookcase

(문항 C) Paul was going to play tennis with Mary and . . . .

     a. the racket   b. Bob   c. an anchor   d. the projector

(문항 D) I was really startled when the little creature burst out of the hole just in front of my feet. In the tall grass you could hardly see the little . . . .

     a. chipmunk   b. sparrow c. cardinal   d. robin

4) 문제와 정답을 먼저 쓰고 난 뒤에 오답을 쓰는 것이 좋다. 그 이유로는

첫째, 우리가 측정하고자 하는 것을 명확히 하기 위해서이다. 이렇게 함으로써 만약 이 문제를 틀렸다면 무엇을 몰라서 틀렸는지 알 수 있게 된다. 둘째, 보기들의 유사성을 확보하기 위해서이다. 그리하여 피험자가 완전한 지식이 갖추지 못했을 경우에는 유사한 다른 보기를 답으로 고를 가능성이 있도록 해야 한다. 다시 말해서 오답도 어느 정도의 매력이 있도록 해야 한다. 보기들의 유사성 확보를 위해서는 다음과 같은 테크닉을 사용할 수 있다.

(1) 의미의 유사성

예) It's getting very hot in this apartment; please open the . . . .

    a. cupboard   b. closet   c. window   d. oven

위 문항에서는 보기들이 모두 열 수 있는 물건들이라는 점에서 유사성이 있다.

(2) 형태적 유사성

예) It's getting very hot in this apartment; please open the . . . .

    a. winter   b. windy   c. window   d. winding

예) "George, I'm fed up with your blundering errors. We can't tolerate them any longer. You're . . . ."

    a. through   b. thought   c. though   d. tough

위의 두 가지 예들에서는 보기들이 발음이나 철자 면에서 유사한 경우이다.

(3) 문법적 유사성

예) In order to go to the basement you have to . . . .

    a. visit a park   b. think quickly

    c. go downstairs   d. flap your wings

위의 예는 보기들이 모두 동사를 포함하는 동사구로 이루어져 있다는 점에서 유사하다.

5) 정답이 보기 중 골고루 포함되어 있어야 한다. 그리하여 한 보기를 무조건 고른 피험자가 유리한 점수를 받는 경우는 없어야 한다. 또한 피험자들이 출제자가 특정한 보기를 정답으로 하는 경우가 많다는 인상을 심어주어서도 곤란하다.

6) 채점을 수월하게 하기 위해서 또는 단순히 재미로라도 정답에 어떤 패턴을 만드는 것은 피해야 한다. 수험자가 이 패턴을 알아차리면 곤란하다. 예를 들면 다음과 같은 정답 패턴은 피해야 한다.

(나, 가, 라, 나, 가, 라, 다, 나, 가, 라)

(a, a, b, b, a, a, a, b, b, b)

7) 보기의 길이가 모두 비슷한 게 좋지만 경우도 따라 그렇지 못할 경우, 정답이 늘 가장 길게 쓰는 것은 삼가야 한다.

8) 오답의 경우에도 실제성이 없는(unauthentic) 문장은 피해야 한다. 문법 지식을 묻기 위한 문항의 경우 비문법적인 문장을 보기로 쓸 수 있겠으나, 그렇지 않은 경우에는 오답도 문장 자체가 말이 안 되는(nonsense) 문장을 써서는 안 된다.

9) 보기는 3개에서 5개가 적절한데, 그 중에서도 4개가 가장 좋고 다음이 5개, 3개 순이다. 보기 수가 너무 적으면 모르면서 추측에 의해 정답을 맞힐 확률이 높아지고, 보기 수가 너무 많으면 수험자에게 지나친 부담을 주기 때문이다.

10) 각 문항들은 서로 독립적이어야 한다. 그렇지 않을 때는 한 문제를 틀리면 그와 관련된 다음 문제도 틀리는 일이 발생한다.

11) 보기에 "모두 다" 또는 "A와 B", "해당 사항 없음" 등은 정당한 사유가 없는 한 피하는 것이 좋다.

12) 듣기 문항의 경우에는 두 번 반복하는 것이 가장 바람직하다. 왜냐하면 실제 언어 사용 환경에서도 "I'm sorry?", "Excuse me?", "Pardon me?",

"Culd you say that again, please?" 등으로 상대방에게 한 번 더 반복해서 말해달라는 요청을 얼마든지 할 수 있기 때문이다. 하지만 특수한 환경인 경우를 제외하고는 그보다 더 많이 반복해 달라고 하면 상대방을 짜증스럽게 만들 수 있기 때문에 세 번 이상 반복 요청은 안 하는 것이 자연스런 언어 사용이다.

13) 내용(정보)에 대해 묻는 문항과 이해력을 측정하는 문항은 구분되어야 한다. 말하자면 지문의 내용이 수험자의 경험과 상당히 다른 내용인 경우 단어, 문법을 동원한 문장 해석에는 어려움이 없다고 하더라도 도무지 무슨 말인지 이해하기 어려울 경우가 있다. 이런 문항은 특정 경험에 대해 묻는 문항이라고 할 수 있으며 지문에 대한 이해력 측정이라고는 할 수 없다.

14) "가장 옳지 못한 것을 고르시오." 또는 "가장 옳은 것을 고르시오." 등의 지시문은 사용하지 않는 것이 바람직하다. 정도를 가리기가 쉽지 않을 때가 있을 수 있기 때문이다.

15) "옳은 것을 모두 고르시오." 또는 "틀린 것을 모두 고르시오." 등의 지시문은 사용하지 않는 것이 좋다. 이런 지시문들은 수험자를 심리적으로 불안하게 만들 수 있으며, 해당 문항에 필요 이상의 시간을 할애하게 만들 수 있다.

16) 일부 문항은 개별 문항들로 만들고, 일부 문항은 지문 등을 주어서 지문 내용에 관한 이해를 필요로 하는 것으로 만드는 것이 바람직하다. 전자는 주로 지문 없이 제시되는 경우라서 후자에 비해 문항이 길지 않아 수험자에게 심리적인 부담을 덜 주는 게 보통인데, 따라서 주로 시험지 전체 문항들 중 후자들보다 앞에 배치되는 게 보통이다. 만약 후자를 먼저 배치하면 수험자들에게 심리적으로 부담을 주게 되고 따라서 특히 언어능력이 낮은 수험자들은 쉽게 포기하게 만드는 경향이 있

다. 따라서 문항 배치를 할 때 쉽고 간단한 것으로부터 어렵고 복잡한 것으로 나아가는 게 권장된다.

17) 문항은 측정하고자 하는 능력을 측정해야 하며, 측정과 상관없는 어려움을 주는 것은 피해야 한다. 예를 들면 듣기 문항에 "999×99=?"의 답을 요구한다면 이는 수학 계산 능력이 포함되기 때문에 듣기 능력만을 측정하기 위한 문항이라고 할 수 없다. 또한 지필고사에서 "John who had just met Mary and Sam wanted to have a coke with Beth and Carol, but carol said she had to meet Bob. it appears as if John does not get along with . . . "에 대한 답을 아래 보기 네 개 중에서 고르라고 한다면 이는 주어진 문장에 대한 이해 능력이라기보다는 논리적인 사고력 측정 문항이라고 볼 수 있다.

    a. Beth   b. Carol   c. Bob   d. Sam

18) 일부 문항들은 길고 일부 문항들은 짧게 만든다. 앞서 설명한 대로 긴 문항은 대체로 복잡하고 어려운 반면, 짧은 문항은 간단하고 쉬운 것이 일반적이다. 따라서 이 두 부류의 문항들을 포함시키는 것은 다양한 능력의 수험자들을 대상으로 한 평가의 난이도 조절 면에서도 필요하다.

19) 두 가지 이상의 것에 대한 지식을 요구하는 문제는 바람직하지 않다. 특히 교사들은 평가 결과를 통해서 학생들의 학습에 대한 정보를 얻게 되는데, 이와 같이 두 가지 이상의 것을 한꺼번에 묻게 되면 학생들이 틀렸을 경우 무엇을 몰라서 틀렸는지 교사로서는 알 길이 없다. 예를 들면 다음 문항을 보자. 첫째 보기는 어휘(즉, carry와 lift)와 시제(즉, 현재와 과거)에 관한 지식을 한꺼번에 측정하는 경우이고, 둘째 보기는 시제에 관한 지식만 측정하는 경우이다. 수험자가 뭘 아는지 모르는지에 대한 정확한 판단을 위해서는 둘째 보기가 더 바람직하다.

예) Tom _____ flowers to the party last night.

    a. carries   b. carried   c. lifts   d. lifted

    a. carries   b. carried   c. is carrying   d. has carried

20) 아래와 같이 다양한 형태로 답에 대한 암시가 포함되는 경우를 피해야
한다.

(1) 길이로 답에 대한 암시를 주는 경우

예) In the story, the merchant was unhappy because it

    a. rained   b. was dark   c. was windy

    d. was windy and rainy and he had forgotten his raincoat

위 보기들 중 정답인 'd' 하나만 길게 쓰여 수험자들에게 답에 대한 암
시를 줄 수 있다.

(2) 보기들 중 카테고리 상의 암시를 주는 경우

예) a. tea   b. tee   c. party   d. dinner

위 보기들 중 세 개는 디너파티와 관계가 있고 'b'만 다른 분야의 단어
이다. 이 점에서 수험자들에게 답에 대한 암시를 줄 수 있다.

예) a. ran   b. runs   c. is running   d. fast

위 보기들 중 'd'는 품사가 다르다. 다른 세 개는 같은 동사의 다른 형태
들이다. 아마도 대부분의 수험자들은 이 경우 문제를 보지 않고도 적절
한 동사 형태를 찾는 문제라는 점을 알아차릴 수 있을 것이다. 이때 'd'는
매력이 없는 보기이며 아마도 d를 고르는 수험자는 별로 없을 것이다.

21) 각 문항들에 대한 보기를 만들 때 보기가 너무 적다거나 많다거나 또
는 보기 수가 일관성이 없는 것은 피해야 한다. 예를 들어 보기가 너무
적을 경우 모르면서 정답을 고를 확률이 그만큼 높아지게 되며, 그렇다
고 보기가 너무 많을 경우 수험자의 심리적 피로도를 높여서 쉽게 포기
하게 만들 수 있다. 또한 문항마다 보기 수가 달라 일관성이 부족하면

수험자를 헷갈리게 할 수 있으므로 문항의 보기 수는 적절한 수로 일관성 있게 할 필요가 있다. 일반적으로 보기 수는 4개가 가장 적당하고 다음이 5개, 3개의 순으로 알려져 있다.

22) 오답도 말이 안 되는(nonsense) 오답이라든가 비문법적인(ungrammatical) 문장은 피해야 한다. 이는 수험자들에게 잘못된 언어 입력(language input)을 제공하는 효과도 있다.

예) They said they _____ their homework.

    a. had done   b. had do   c. have did   d. had did

이 경우에는 보기를 다음과 같이 하는 것이 더 나은 문항이다.

    a. had done   b. was doing   c. do   d. was done

23) 다음 문항의 보기들은 문장 이해력을 측정하기보다는 집중력과 추론을 필요로 하는 경우에 사용하는 것이 더 어울린다. 보기 수도 다소 많으며, 보기들 중 d, e, f도 바람직한 보기가 아니다.

예) The stranger had left his native land because he _____.

    a. wished to seek his fortune

    b. wanted to avoid his creditors

    c. preferred the new land

    d. none of the above

    e. a and b but not c above

    f. b and c but not a above

24) 다음 문항처럼 이해하기 어렵게 꼬아서 만든 문제는 바람직하지 않다. 자칫 수험자의 실수를 유발할 수 있기 때문이다.

예) When is not appropriate not to be absent from class?

    a. When you are sick   b. When you are young

    c. While class is in session   d. When ever the teacher is angry

25) 다음 문항처럼 상식이나 전체 문항의 일부에서 힌트를 얻어 풀 수 있는 문제는 삼가야 한다. 지문을 읽지 않고 'Napoleon'이라는 단어 하나에 의존해 상식으로 풀 수 있는 문제이기 때문이다. 이는 영어 능력을 측정하는 문제라고 할 수 없다.

예) We learn from this passage that Napoleon was _____

    a. British   b. French   c. Polish   d. German

26) 대조(matching)만 잘하면 답이 나오는 문제는 지양해야 한다. 예를 들면 지문을 읽고 그 내용을 이해했는지 알기 위해 묻는 문항에서 지문에 있는 문장을 보기에 그대로 쓴다면 수험자는 내용을 모르고도 답을 고를 수가 있다. 이럴 때는 뜻은 같지만 표현은 다른 것으로 바꿔 쓰는 (paraphrasing) 것이 필요하다.

27) 표현에 있어서 중복을 피해야 한다. 예를 들어 다음 예시 문항에서 "because he wanted to" 부분은 모든 보기에 중복되므로 문제의 몸통 혹은 도입부(stem or lead)에 포함시키는 것이 좋다.

예) The boy took the newspaper _____.

    a. because he wanted to read it

    b. because he wanted to wrap a gift in it

    c. because he wanted to dispose of it

    d. because he wanted to remove the article

(수정한 문항)

⇨ The boy took the newspaper because he wanted to _____.

    a. read it   b. wrap a gift in it

    c. dispose of it   d. remove the article

28) 프린트 상태가 나쁘거나 글씨가 너무 작아서 글을 읽기 힘들다든가 일관성이 없는 경우 등도 피해야 할 사항이다. 예를 들면 보기를 나열할

때 옆으로 나열하다가 밑으로 나열하는 등 일관성이 없으면 답을 적는데 있어서 수험자의 실수를 유발할 수도 있다. 그리고 문항에서 "~중 옳은 것은?"으로 묻다가 "~중 아닌 것은?"이라고 물을 때는 "아닌"에 밑줄을 긋거나 굵은 글씨체로 눈에 띄게 하여 수험자가 문제를 잘못 읽는 일이 없도록 해주는 게 좋다.

이상에서 객관식 평가 문항 작성 시 유의해야 할 사항에 대해 대략 살펴보았다. 보다 구체적인 유의 사항은 개별 문항의 내용이나 종류에 따라 다를 수 있을 것이다. 이에 대해서는 제11장에서 교사들이 실제 개발한 문항들을 예로 들면서 보다 상세히 설명하기로 한다.

제8장

평가 척도

테스트(test)가 측정 대상의 속성을 측정하기 위한 도구(instrument)라고 한다면 척도(scale)란 그 속성을 구체화하기 위한 측정의 단위로 일종의 자(gauge) 또는 기준이라고 할 수 있다. 모든 척도는 그 척도가 담고 있는 정보의 양에 따라 다음의 네 가지로 분류될 수 있다: 명목척도(nominal scale), 서열척도(ordinal scale), 등간척도(interval scale), 비율척도(ratio scale). 이 중 명목척도에 의해 측정된 자료가 가장 적은 정보를 가지며, 그 다음으로 서열척도, 등간척도 그리고 비율척도의 순으로 점차 많은 정보를 갖는다. 척도 유형에 따라 척도의 목적과 척도 사용의 예를 소개하면 아래 〈표 3〉과 같다.

〈표 3〉 척도 유형에 따른 척도의 목적과 척도 사용의 예

척도 유형	척도의 목적	척도 사용의 예
명목척도	빈도수 세기	한 교실에서의 남학생 수와 여학생 수를 알고자 할 때
서열척도	등위 정하기	영어 시험에서 점수 순서대로 등위를 매기고자 할 때
등간척도	간격 측정하기	영어 시험에서 z-점수 등 표준 점수를 매기고자 할 때
비율척도	절대 0으로부터의 간격 측정하기	키, 몸무게, 속도, 절대 온도 등을 측정하고자 할 때

앞의 각 평가 척도 유형에 대해 좀 더 구체적으로 살펴보면 다음과 같다.

8.1 명목척도

명목척도(nominal scales)는 명명척도라고도 불리는데 측정 대상을 구분하기 위해 이름을 부여하는 척도이다. 이 척도는 정도에 따른 차이를 알기 위한 데 사용하는 것이 아니고, 단지 어떤 상황에서 그런지 아닌지에 대한 정보만 얻기 위한 것으로, 평가자의 임무는 응답 결과에 대해 빈도수만 헤아리면 된다. 이런 척도는 주로 측정 대상에 대한 이해를 위해 설문조사 등에서 사용하는 경우가 많다. 가령 영어교사가 자신이 가르치는 학급의 학생들을 대상으로 설문조사를 할 때 "당신의 성별은?"이라고 묻는다면 학생들의 답은 '남학생' 아니면 '여학생'일 것이다. 설문조사 결과에서 교사는 각각의 응답을 한 학생 수만 헤아리면 된다. 그 결과는 남학생 몇 명, 여학생 몇 명이 될 것이다. 따라서 이런 명목척도에서는 좀 더 그렇고 좀 덜 그렇다는 정도 차이를 나타내는 것은 없으며, 응답도 단지 그렇거나 아니거나 일 뿐이다.

8.2 서열척도

서열척도(ordinal scales)는 측정 대상의 등위를 나타내기 위해서 사용되는 척도이다. 다시 말하자면 어떤 능력을 측정하고자 할 때 그러한

능력을 나타내는 연장선상에서 피험자의 능력 정도에 따라 순서를
매기는 척도이다. 하지만 누가 1등이며, 2등, 3등인지 등에 대한 정보
는 주지만 척도 단위 사이의 간격(distance or interval)은 일정하지 않으므
로 알 수가 없다. 즉, 등간성이 존재하지 않는다.

서열척도에는 서열점수, 백분율점수, 누가백분율점수, 백분위점수
등이 포함된다.

■ 25점 만점의 시험에서 6명의 학생이 시험을 쳤을 때 각 서열척도별 개인의 점수

척도＼학생	S1	S2	S3	S4	S5	S6
원점수(관찰치)	0	5	12	12	14	19
서열점수	6th	5th	3rd	3rd	2nd	1st
백분율점수	0%	20%	48%	48%	56%	76%
누가백분율점수	16.67	33.33	50.0	66.67	83.33	100.0
백분위점수	8.33	25.0	50.0	50.0	75.0	91.67

위 표에서 원점수(관찰치)는 평가에서 받은 점수 그 자체를 의미한
다. 서열점수는 등위를 말하며, 백분율점수는 만점에서 자신이 받은
점수의 비율을 의미한다. 누가백분율점수는 특정점수까지 누적된 백
분율이 얼마라는 것을 나타낸다. 전체 수험자들 중 자신의 위치가 백
분위점수는 자신보다 낮은 점수를 받은 수험자 수에다 자신과 같은
점수를 받은 수험자 수를 2로 나눈 수치를 합하여 전체 수험자 수로
나눈 수치에다 100을 곱하여 산출한다. 예를 들어 S3학생의 경우를
보자. 원점수는 12점이고, 동점자가 있긴 하지만 3등이다. 25점 만점
에 12점을 받았으니 백분율점수는 (12/25)×100=48%, 누가백분율점수
는 전체 6명 중 3명에 해당하므로 50.0, 백분위점수는 본인보다 못한
학생 수가 2명, 본인과 같은 점수를 받은 학생 수가 2명, 전체 학생 수

가 6명이므로 {(2+2/2)/6 }×100=50.0이다.

여기서 S3와 S4의 누가백분율점수를 비교해보자. 원점수는 같은데 누가백분율점수는 다른 이유는 누적된 점수를 말하기 때문이다. 이 점수는 개인의 능력을 말해주는 점수가 아니고 전체 집단의 성격을 나타내 주는 점수이며, 개인에게 평가 결과로 주는 점수는 아니다.

8.3 등간척도

등간척도(Interval scales) 혹은 간격척도라고도 불리는 이 척도는 같은 간격에 같은 단위를 부여하므로 등간성을 지니고 있으며, 또한 임의 영점과 임의단위를 지니고 있다. 여기서 임의영점이라 함은 어떤 수준을 정하여 0점이라고 합의한 것을 의미하며, 0점을 받았다고 하여 측정하고자 하는 능력이 전혀 없다는 뜻은 아니다. 예를 들어 30개의 문항으로 만들어진 영어 시험에서 0점을 받았다고 해서 그 학생의 영어 능력이 전혀 없다는 뜻은 아니다. 한편 임의단위란 어느 정도의 변화에 얼마의 수치를 부여한다고 합의한 것을 의미한다. 예를 들어 어떤 시험에서 문항 당 임의로 2점을 부여한다고 합의를 했다면 한 문제를 맞히면 2점, 두 문제를 맞히면 4점 등으로 점수를 부여하게 되는데, 이때 문항 당 2점은 임의단위에 해당한다.

등간척도를 사용한 점수에는 여러 가지 종류가 있는데, 자주 쓰이는 것들을 소개하면 다음과 같다.

1) z-점수

z-점수(= 정상분포곡선상의 표준화점수)란 관찰치(원점수)가 정상분포곡선의 한 가운데 위치한 평균으로부터 몇 표준편차(평균을 중심으로 한 점수들의 분포)만큼 떨어져 있는지를 나타낸다. 예를 들어 어느 학생의 z-점수가 +2라고 한다면 그 학생이 받은 점수가 평균보다 크며, 평균에서 두 표준편차만큼 오른쪽으로 떨어져 있는 것을 의미한다. 만약 z-점수가 -1이면 관찰치가 평균치보다 작으며, 평균에서 왼쪽으로 한 표준편차만큼 떨어져 있다는 의미이다. 점수를 환산하는 방법은 아래 수식을 적용하면 된다. 이 수식에서 X는 그 학생이 받은 원점수, M은 집단의 평균, s는 표준편차를 의미한다. 따라서 예를 들어 만약 한 학생의 점수가 평균 점수와 같다면 그 학생의 z-점수는 0이 된다.

$$z = \frac{X - M}{s}$$

X: raw score 관찰치(원점수),
M: mean(평균)
S: standard deviation(SD): 표준편차

2) T-점수

z-점수에서는 학생들의 원점수가 평균보다 낮을 경우 마이너스 점수가 나오게 되고 또한 소수점 자리까지 나오게 되는데, 마이너스 점수와 소수점 점수가 나오지 않도록 평균을 50점으로 환산하고 표준편차를 10으로 환산한 점수를 T-점수라고 한다. 따라서 어떤 학생이 평균 점수를 받았다면 그 학생의 z-점수는 0이지만 T-점수는 50이 된다. z-점수를 T-점수로 환산하기 위한 수식은 다음과 같다.

$$T = 10z + 50$$

3) 정상분포곡선 면적

정상분포곡선(= Normal distribution curve, Gaussian curve, normal probability curve) 이란 종을 엎어놓은 모양으로서 가운데를 중심으로 양쪽이 완전 대칭인 곡선으로, 실제 곡선이 아니라 통계분석에서 필요한 가상적인 곡선이다. 실제 실험에 가담한 표본에 대한 통계 결과로 그래프를 그린다면 정상분포로부터 벗어나고 곡선도 어느 한쪽으로 치우치거나 매끄러운 모양으로 안 나타나지만, 그 모집단에 대한 추정을 하는 추리통계학에서 모든 통계처리는 모집단이 정상분포를 이룬다고 가정하고 출발한다. 정상분포에서는 최빈값(가장 많은 수험자가 받은 점수)과 중앙값(점수를 높은 순이나 낮은 순으로 배열했을 때 가장 중간에 있는 점수)과 평균이 일치한다. 하지만 좌표에서 정상분포곡선의 모양과 위치는 표준편차와 평균(= 중앙값, 최빈값)에 따라 달라진다.

정상분포곡선 면적(normal distribution area proportions)들은 항상 z-점수들과 부합하는데 정상분포곡선 면적은 z-점수로 이미 산출되어 있으며 〈부록 B〉에 제시되어 있는 표에서 찾기만 하면 된다. 예를 들어 z-점수가 1.56라고 하자. 그러면 아래와 같이 〈부록 B〉에 있는 표의 Y축에서 1.5 그리고 X축에서 .06을 찾아 서로 교차하는 지점의 수치를 찾으면 된다. 그리고 z-점수가 +점수란 말은 전체를 1로 보았을 때 한 중앙인 평균(z=0)에서 오른쪽으로 1.56 표준편차만큼 떨어졌다는 뜻이므로 정상분포곡선 면적은 절반인 왼쪽의 면적 0.5에다가 표에서 찾은 면적을 더 해주면 된다. 따라서 0.5+0.4406=0.9406(약 0.94)이 된다. 그렇다면 만약 한 학생의 z-점수가 -1.56이라면 어떻게 되는 걸까? 역시 같은 방법으로 하면 된다. 일단 z-점수에서 마이너스는 무시하고 표에서 절대치로 z-점수에 해당하는 면적을 찾는다. 다음으로 할 일은

이 학생은 z-점수가 평균보다 못한 마이너스 점수에 해당하는 만큼 정상분포곡선의 한 중앙인 평균에서 왼쪽으로 1.56편차만큼 떨어져 있다는 뜻이므로 정상분포 곡선의 면적은 왼쪽 절반인 0.5에서 해당 z-점수 면적인 0.4406을 뺀 것이다. 즉, 0.5-0.4406=0.0094이다.

z	.00	.01	.02	. . .	.06	. . .
.					....	
.					....	
1.5					.4406	
.					....	

4) 9등급척도 점수

9등급(Stanines)이란 말은 "standard nines"에서 나온 합성어이다. 전체를 9등급으로 나누어 평균을 5로 표준편차를 1.96으로 환산한 척도인데, 이 점수는 일반적으로 T-점수보다 덜 민감하고 변별력도 덜 하다고 알려져 있다. 정상분포에서 9등급척도 점수를 산출하기 위해서는 아래 그림과 같이 가장 낮은 점수를 획득한 하위 4%에게 1등급, 그 다음 하위 7%에게 2등급, 그다음 하위 12%에게 3등급, 그 다음 하위 17%에게 4등급, 그 다음 20%에게 5등급, 그다음 17%에게 6등급, 그 다음 12%에게 7등급, 그 다음 7%에게 8등급, 그다음 4%에게 9등급을 준다. 여기서 등급은 미리 약속만 되어 있다면 최하위 등급을 9등급, 최상위 등급을 1등급으로 바꾸어도 상관없다. 우리나라의 경우, 일반적으로 최상위 등급을 1등급, 최하위 등급을 9등급으로 사용하고 있다.

4%	7%	12%	17%	20%	17%	12%	7%	4%

5) 지능지수환산 점수

　지능지수환산 점수(I.Q.-Equivalent scores)란 개인의 정신적 나이(mental age)를 연대 나이(chronical age)로 나누어 그것에 100을 곱한 것을 말한다. 한 개인의 정신적 나이가 연대 나이와 정확히 일치한다는 의미해서 평균 지능지수 점수를 100으로 본다. 점수 환산 방법은 아래와 같이 z-점수에 15를 곱하여 100을 더한다. 그리하여 예를 들어 한 학생이 평균점을 받았다고 하면 이 학생의 z-점수는 0이며, 지능지수환산 점수는 100이 될 것이다. 흔히들 머리가 나쁘다는 뜻으로 지능이 두 자리 수라는 말을 쓰는데 100미만이라는 뜻이니 평균보다 떨어진다는 뜻이 된다.

■ 25점 만점의 시험에서 6명의 학생이 시험을 쳤을 때 각 등간척도별 개인의 점수

척도 ＼ 학생	S1	S2	S3	S4	S5	S6
원점수(관찰치)	0	5	12	12	14	19
z-점수	-1.86	-0.96	0.30	0.30	0.66	1.56
T-점수	31.4	40.4	53.0	53.0	56.6	65.6
정상분포곡선 면적	.03	.17	.62	.62	.74	.94
9등급척도	1	3	6	6	6	8
지능지수환산점수	72.1	85.6	104.5	104.5	109.9	123.4

　다시 S3학생의 경우를 예로 들어보자. 이 학생의 경우는 z-점수 0.30는 아래 공식에 따라 컴퓨터로 계산한 점수이다. T-점수는 공식 [T=10z+50]에 따라 계산하면 $10 \times 0.30+50=53$이다. 정상분포곡선 면적은 〈부록 C〉의 면적표에서 z=0.30을 찾으면(Y축에서 0.3, X축에서 0.00이 마주치는 부분) 면적이 0.1170이 나온다. z-점수가 양수이므로 평균 점

수(z=0)에 해당하는 그래프의 중앙에서 오른쪽으로 면적이 0.1170이라는 뜻이므로 전체 면적은 그래프의 왼쪽 면적인 0.5에 합해야 한다. 따라서 0.5+0.1170=0.6170≒0.62이다. 9등급척도 점수와 지능지수환산 점수도 앞에서 소개한 점수 계산법으로 계산하면 위와 같이 나온다.

$$z = \frac{X - M}{s}$$

8.4 비율척도

비율척도는 척도 유형들 주에서 가장 많은 정보를 제공하는 척도이다. 이는 절대 0이란 개념이 가능할 때 사용할 수 있는 척도이다. 예를 들어 높이라든가, 무게, 속도 등을 잴 때 사용되는 척도이다. 높이가 없을 때, 무게가 없을 때, 움직이지 않을 때 등 모두 절대 0이란 개념이 가능하다. 하지만 한 영어 시험에서 0점을 받았다고 해서 그 학생의 영어 능력이 절대 0이라고는 말할 수는 없다. 같은 학생이 다른 시험에서는 0점을 안 받을 수도 있을 것이다. 따라서 이때의 0이란 개념은 절대 0이란 개념이 아니다.

제9장

문항 분석과 해석

이 장에서는 문항의 난이도와 변별도를 어떻게 분석하는지, 그리고 문항에 대한 수험자의 응답 패턴에 대한 분석으로 문항에 대한 해석을 하는 어떻게 하는지 등에 대해 살펴보기로 한다.

9.1 문항 난이도(용이도)

문항 난이도(item difficulty) 또는 문항 용이도(item facility)는 수험자들의 입장에서 볼 때 문항이 얼마나 어려운지(쉬운지)를 말해주는 지표이다. 전체 수험자 집단 중에서 몇 %나 정답을 맞혔는지(틀렸는지)를 말해주는 지표이다. 문항 용이도는 1에서 문항 난이도를 뺀 수치이다. 계산 방법은 아래와 같다.

첫째, 수험자들이 받은 점수들 중에서 상위 집단과 하위 집단으로 반씩 나눈다. 이때 전체 수험자들을 상위 50%, 하위 50%로 나누어도 좋지만 정확히 몇 %를 선택해야 하는지는 상관이 없다 양쪽을 같게 만 하면 된다. 중간의 포함되지 않은 수험자의 반은 상위 집단에 나머지 반은 하위 집단에 속한다고 가정하면 된다.

둘째, 상위 집단에서 그 문제를 맞힌 수험자의 %와 하위 집단에서 그 문제를 맞힌 수험자의 %를 합하여 2로 나누면 된다.

예를 들어 어떤 문항에 대해 상위 집단의 90%가 정답을 골랐고, 하위 집단에서는 33%가 정답을 골랐다고 하자. 그러면 문항 난이도는 $(0.90+0.33) \div 2 = 0.615$가 된다. 이때 문항 용이도는 $1-0.615=0.385$이다. 만약 문제가 너무 쉬워서 모든 수험생이 다 맞혔다면 문항 난이도는 $(1+1) \div 2 = 1$이 될 것이며, 문항 용이도는 0이 될 것이며, 또한 문제가 너무 어려워서 모든 수험생이 다 틀렸다면 문항 난이도는 $(0+0) \div 2 = 0$, 문항 용이도는 1이 될 것이다.

어느 쪽도 바람직하지 않다. 대충 적절한 문항 난이도는 .50~.70로 알려져 있다.

위 설명에서 다소 혼돈스러운 부분은 문항 난이도 수치가 높을수록 문제가 쉽다는 뜻이고, 문항 용이도가 낮을수록 문제가 쉽다는 뜻이 되는데, 이는 상식적으로 생각할 때 거꾸로인 것 같은 생각이 드는 것도 사실이다. 상식적으로는 난이도 수치가 높을수록 문제가 어렵다는 뜻으로 받아들이기 쉽기 때문이다.

9.2 문항 변별도

문항 변별도(item discrimination)는 문항이 측정하고자 하는 능력을 더 많이 가진 자와 더 적게 가진 자 사이를 얼마나 잘 구분하느냐를 말해 주는 수치이다. 변별도 계산 방법은 다음과 같다.

상위 집단에서 그 문제에 정답을 맞힌 수험자의 %에서 하위 집단에서 그 문제를 맞힌 수험자의 %를 **빼면** 된다. 대충 적절한 변별도는

15~20%로 알려져 있다. 만약 문제가 너무 쉬워서 모든 수험자들이 다 맞췄다거나 다 틀렸다면 변별도는 0일 것이다. 양쪽 모두 바람직한 현상이 못되며, 그러한 문항은 수험자들의 능력을 구분하는 데 가치가 없다.

9.3 응답 패턴

수험자들의 문항에 대한 응답 패턴(pattern of response)을 통해 그 문항이 잘 만들어진 것인지, 수험자가 능력을 제대로 발휘한 것인지를 알 수 있다. 이는 컴퓨터의 등장으로 인해 가능해진 문항 분석 방법으로, 고전적 측정(검사)이론(Classical Measurement Theory)이 아니라 잠재적 특성 측정(검사)이론(Latent Trait Measurement Theory) 즉 문항반응이론(Item Response Theory)에서 사용하는 방법이다. 여기서 잠깐 고전적 측정이론과 잠재적 특성 측정이론(문항반응이론)에 대해 설명하고자 한다.

9.4 고전적 측정이론과 문항반응이론

고전적 측정이론이란 잠재적 특성 측정이론 즉, 문항반응이론이 나오기 이전의 측정이론을 통틀어 지칭하는 것으로서, 이러한 고전적 측정이론에서는 문항 분석을 앞 장들에서 소개되었던 상관계수, 문항 난이도, 변별도, 진점수, 관찰치, 측정오차, 타당도, 신뢰도 측정 등의 통계 개념과 과정에 의존하였다. 하지만 이러한 고전적 측정이론이 문항이나 평가 자료를 분석하고 해석하는 유일한 방법은 아니며, 그동안 측정 이론의 발달로 평가 개발과 분석에 다른 방법들이 나오게 되었다. 문항반응이론은 이러한 새로운 문항 분석 방법들을 통틀어 지칭하는 말이다. 이 이론에서 나온 다양한 모델들이 있는데, 이 모델들의 공통점은 주어진 평가 데이터에서의 전체 응답 패턴에 비추어 개별 문항과 개인 응답 패턴의 특성에 대해 설명하는 체계적인 과정이라는 점이다. 이 모델들은 문항의 난이도와 개인의 능력을 추정하는 데 있어서 고전적인 방법으로는 불가능했던 새롭고 개선된 방법을 제공하는 것으로 평가된다. 실제로 고전적 측정이론에 의한 문항 분석은 문항의 내용이 바뀌지 않아도 수험자 집단의 능력에 따라 문항의 특성이 바뀌게 되는 모순점이 있는데, 이러한 모순을 문항반응이론에서는 극복할 수 있다.

　문항반응이론에서의 문항 분석 방법들 중 언어 평가에서 가장 자주 쓰이는 분석법으로 라쉬 분석(Rasch analysis)이 있는데, 이 분석법에는 두 가지 가정이 있다(Woods & Baker, 1985). 하나는 각 문항이 나름대로의 문항 난이도를 지녔다고 보는 것이다. 그리하여 이 문항들을 일렬로 나열할 수 있다고 가정한다. 다른 하나의 가정은 시험을 치는 수험자들이 시험을 치는 그 순간만큼은 고정된 능력을 가지고 있다는 것이다. 그래서 수험자들을 능력에 따라 일렬로 세울 수 있다는 것이다. 라쉬 분석을 위해서는 상당히 큰 용량의 컴퓨터가 있어야 하는데, 이 분석법이 주는 정보도 물론 소중하지만, 그렇다고 해서 고전적 분석 방법들이 모두 쓸모없는 것이라고 생각한다거나 이 분석법이 고전적 분석 방법들을 대신 할 수 있다고 생각하는 것은 옳지 않다. 왜냐하면 고전적 분석 방법들도 나름대로 우리에게 주는 정보가 많기 때문이다. 따라서 라쉬 분석과 고전적 분석 방법들은 서로 배타적인 것이 아니라 보완적인 것이라고 생각하는 것이 옳을 것이다.

아래 〈표 4〉에서는 수험자 10명과 문항 10개를 대상으로 라쉬 분석을 한 가상 예를 가지고 좀 더 상세히 설명하고자 한다.

〈표 4〉 가상적 라쉬 분석 결과

수험자	문항									
	1	2	3	4	5	6	7	8	9	10
S1	1	0	0	0	0	0	0	0	0	0
S2	1	1	1	0	0	0	0	0	0	0
S3	1	1	1	0	0	0	0	0	0	0
S4	1	1	1	1	1	0	0	0	0	0
S5	1	1	1	1	1	1	0	0	0	0
S6	1	1	1	1	1	1	0	0	0	0
S7	1	1	1	1	1	1	1	0	0	0
S8	1	1	1	1	1	1	1	0	0	0
S9	1	1	1	1	1	1	1	1	1	0
S10	1	1	1	1	1	1	1	1	1	1
문항별 오답 인원수	0	1	1	3	3	4	6	8	8	9

위의 표에 나타난 가상적인 패턴과는 달리 실제로는 학생들의 문항에 대한 응답은 예를 들면 다음과 같이 가상적인 패턴과 다르게 나오는 경우가 많다: 1 1 0 0 1 1 0 0 1 0

위의 응답을 한 수험자의 경우 3번 문제가 4번 문제가 5번이나 6번 문제보다 쉬운 문제임에도 불구하고 틀렸고, 보다 쉬운 문제들은 틀리면서 보다 어려운 9번 문제를 맞혔기 때문에 위의 가상적인 응답 패턴에 맞지 않는다. 하지만 라쉬 분석에서는 이런 예외가 나오는 것을 당연하다고 생각한다. 어려운 문제라 알지 못해도 운 좋게 찍어서 맞는 경우도 있을 것이고, 또는 쉬운 문제라서 아는 것인데도 불구하고 실수로 틀리는 경우도 있을 것이므로 가상적인 패턴에서 어긋나는 현상은 얼마든지 발생할 수 있다.

　라쉬 분석에서 관심을 갖는 경우는 위의 가상적 패턴에서 심하게 벗어나는 경우이다. 예를 들어 한 학생의 응답이 보다 쉬운 문항에서는 모두 또는 대부분 틀리고 보다 어려운 문항에서는 모두 또는 대부분 맞았다고 가정하자. 이는 분명히 그 학생이 정상적으로 시험을 치지 못한 원인이 있을 것이라는 분석을 할 수 있다. 예를 들어 어려운 문제를 먼저 풀고 나중에 쉬운 문제를 풀겠다고 뒤에서부터 문제를 풀기 시작하다 시간이 모자라 다 못 푼 경우가 여기에 해당한다. 이 수험생의 경우에는 시간만 좀 더 주어지면 앞의 쉬운 문제를 다 풀 수 있는 학생일 가능성이 높다. 또한 어떤 쉬운 문항에서 학생들이 대부분 정답을 고르지 못했거나 또는 아주 어려운 문항인데 대부분의 학생이 정답을 골랐다고 하자. 이 또한 위의 응답 패턴에 맞지 않는다. 이럴 때는 문항들 자체에 문제가 있을 가능성이 높다. 전자의 경우, 문항 자체가 쉬웠음에도 불구하고 대부분의 학생들로 하여금 오답을 고르게 만드는 무언가가 있었을 가능성이 크며, 후자의 경우 문항 내용과 상관없이 정답을 고를 수 있도록 외적인 요인이 작용했을 가능성이 크다. 양쪽 모두 잘못된 문항의 예들이다. 이와 같이 수험자들이 전체 문항 반응 패턴에서 벗어나는 반응을 보이면 뭔가 잘못된 문항이므로 그 문항은 수정 또는 삭제하여야 할 것이다.

제10장

언어기능별 평가

10.1 어휘 평가

언어 기술 개발과 언어 사용에 있어서 모두 어휘 지식은 필수적이다. 어휘 지식이 부족하다면 의사소통 자체가 제대로 될 수가 없다. 하지만 어휘 지식에 대한 평가를 반드시 분리해서 할 필요는 없을 것이다. 그렇다면 어떤 어휘 능력을 평가해야 할 것인가? 사용에 필요한 생산적 어휘(productive vocabulary) 능력을 평가할 것인가, 아니면 이해에 필요한 수용적 어휘(receptive vocabulary) 능력을 평가할 것인가? 이에는 세 가지 기준이 적용된다. 즉, 유용성(usefuness), 빈도(frequency) 그리고 학습수월성(learnability)이 그것들이다. 유용성은 얼마나 실생활에서 유용하게 쓰이는 어휘인가를 말하며, 빈도는 자주 쓰이는 정도, 그리고 학습용이성은 학습자의 수준에 맞는 난이도이어야 한다는 의미이다. 어휘력 측정을 위한 평가 문항 형태의 몇 가지 예를 들면 다음과 같은 것들이 있다.

1) 어휘력 평가 문항의 유형

(1) 어휘의 정의 고르기 또는 정의에 맞는 어휘 고르기

예) nap

    A. a brief sleep   B. a happy song

    C. a sharp rock   D. a short meeting

예) a brief, light sleep

    A. nap   B. yawn   C. stroll   D. hug

(2) 완성하기

예) The old woman was too _____ to push open the heavy door.

    A. feeble   B. sincere   C. deaf   D. harsh

(3) 같은 뜻 고르기

예) John was astounded to hear her answer.

    A. greatly amused   B. greatly relieved

    C. greatly surprised   D. greatly angered

(4) 같은 뜻 직접 써 넣기

(5) 그림에 해당하는 단어 고르기

(6) 유추하기

예) Food is to hunger as sleep is to _____.

    A. health   B. dream   C. rest   D. night   E. weariness

2) 어휘력 평가 문항 작성 시 유의점

어휘력 평가 문항 작성 시 일반적으로 유의할 점은 다음과 같다.

첫째, 어휘에 대한 정의는 간단하고 쉬운 어휘들로 구성되어야 한다. 제시된 정의 자체가 무슨 뜻인지 몰라서 해당 어휘를 고르지 못하는 일이 있어서는 곤란하다. 그런 점에서 다음 예는 좋은 문항이 될 수 없다.

예) to inflict great anguish (x)

    A. precede   B. resent   C. adorn   D. torment

둘째, 모든 보기는 같은 난이도로 만들어져야 한다. 또한 보기의 길이는 가능한 비슷하게 한다. 정 안 될 경우에 짝으로 하는 것이 좋다 예를 들어 보기가 4개일 경우 2개는 길게 2개는 짧게 함으로써 길이로 학생들에게 답에 대한 암시를 주는 것을 피한다.

셋째, 가능한 한 보기들은 같은 부류에 속하는 것으로 한다. 그런 의미에서 다음 문항은 좋지 못하다.

예) a small branch

    A. twig   B. frog   C. doom   D. plum

넷째, 어휘력 평가에서 철자 문제는 피하는 것이 좋다. 다시 말해서 철자를 비슷하게 함으로써 학생들이 답을 잘못 고르도록 만드는 일은 피하는 게 좋다. 어휘력을 보는 것이지 철자 능력을 보는 것이 아니기 때문이다. 어떤 식으로든 지나치게 학생들을 혼동시킬 수 있는 보기는 피한다. 그런 점에서 다음 문항은 좋지 않은 문항이다. 보기들 중 A, B, C는 roast, stew, fry의 철자를 다르게 적어 놓은 것들이다.

예) to cook by exposing to direct heat.

　A. roost　　　B. strew　　　C. fray　　　D. broil　　　(×)

10.2 문법 평가

아무리 언어 능숙도를 측정하는 평가라고 하더라도 대규모로 실시되는 평가의 경우에는 대부분 어떤 형태로든 문법 능력에 대한 평가가 이루어지고 있는 게 현실이다. 그리고 가르치는 것도 명시적으로는 아니더라도 암시적으로 문법을 다루고 있는 것이 사실이다. 이는 문법 능력이 의사소통능력의 중요한 기본 구성요소로서 문법 능력 없이는 의사소통 자체가 불가능하기 때문일 것이다. 이러한 이유 외에도 평가 개발자들이 문법 문항을 선호하는 데에는 문법 문항이 갖는 장점이 있기 때문이다. 즉, 하나의 평가에 많은 문항들을 포함시킬 수 있을 뿐 아니라 짧은 시간 안에 채점도 용이하다는 점에서 분리 평가 형태로 문법 문항을 많이 사용한다. 하지만 문제가 될 수 있는 것은 내용타당도(content validity)이다. 선택한 평가 문항이 실제로 대표성을 지닌 것인지 확신하기는 쉽지 않다. 다시 말하자면 평가에 포함된 문법 문항들이 언어 능숙도 평가를 위해 과연 좋은 표본인지 알기 힘들다.

1) 문법 지식 평가 문항의 유형

많은 평가 관련 서적들이 문법 능력을 객관식 문제로 측정하는 것을 권장하고 있다. 어떤 서적들은 아예 다른 방법은 쓰지도 않고 객관식 문제만 사용하는 경우도 있다. 하지만 객관식 문항은 널리 알려져 있는 단점들이 있기 때문에 지나치게 객관식 문항 유형만 고집하는 것은 바람직하지 않다. 문법 능력을 평가할 때라도 다음과 같이 다른 종류들의 평가 문항도 포함시키는 게 좋다.

(1) **바꿔 쓰기**(paraphrase)

주어진 문장의 뜻과 같은 문장 뜻을 가진 문장으로 바꿔 쓰는 것을 말한다. 측정하고자 하는 문법 구조에 학생들을 한정시키기 위해서 바꿔 쓸 문장의 일부를 제공하는 것이 좋다. 예를 들면 다음 예처럼 능동태를 수동태로 바꾸는 문항에서 수동태 문장의 일부를 미리 제공하는 것이 좋다.

　예) When we arrived, a policeman was questioning the bank clerk.

　　 When we arrived, the bank clerk ＿＿＿＿＿＿＿＿＿＿＿＿.

(2) **완성하기**(completion)

　예) 다음 문장의 괄호 속에 주어진 단어를 문맥에 맞게 고쳐 쓰시오.

　　 Mary ＿＿＿＿＿＿＿＿ (live) I New York since 1960.

(3) **클로즈테스트의 변형**(rational cloze or modified cloze)

원래 클로즈테스트는 기계적으로 6~7번째 단어들을 모두 괄호로 비워 놓고 학생들로 하여금 문맥 속에 알맞은 단어를 채워 넣게 하는 방법이다. 하지만 이러한 원래의 클로즈테스트를 문법 능력 측정을 위해서 변형해서 사용할 수도 있는데 이를 일컬어 영어로는 ratioal cloze 또는 modified cloze라고 한다. 이 경우 기계적인 단어 삭제는 이루어지지 않는다. 다음 문항들이 그런 예들이다.

예) 다음 지문의 괄호들 속에 알맞은 전치사를 채워 넣으세요.

예) 다음 지문의 괄호들 속에 적절한 연결어(conjunction word)를 채워 넣으세요.

(4) 문장 해석하기

예) 다음 문장에서 밑줄 친 부분이 지칭하는 것은?

An old friend of John's family brought <u>him</u> news of his uncle last night.

a. an old friend   b. the uncle   c. John

(5) 문장 어순 바로 하기

(다음 단어들을 주어진 뜻에 맞게 문법적으로 옳은 문장을 만드세요.)

예) (What, have, food, do you, eat out, kinds of, usually, when, you?

    ⇨ _____.

(외식할 때 당신은 주로 어떤 음식을 드십니까?)

(6) 문장 전환하기

예) 현재형을 과거형으로 바꾸기, 능동태를 수동태로 바꾸기, 단수형을 복수형으로 바꾸기 등.

2) 문법 지식 평가 문항 작성 시 유의점

다른 언어능력 평가 문항 작성에서와 마찬가지로 문법 문항 작성 시에도 주의할 점들이 있는데, 몇 가지 기술하자면 다음과 같다.

첫째, 대화에 사용된 언어는 음성언어처럼 해야 한다. 예를 들어 다음 문항을 보면, 음성언어에서는 사용되지 않는 표현(b)이 정답이다.

바람직하지 않은 문항이다. 대화는 실제 사람들이 사용하는 표현을 써야 한다. 이 경우 실제 사람들이 사용하는 표현은 Had he studied가 아니라 If he had studied이다.

예) A: John got a very poor grade on the test.

B: _____, this would not have happened.

a. he had studied   b. Had he studied

c. He studied   d. he was studying

둘째, 대화 부분에서 두 번째 부분은 첫 번째 부분에 대한 자연스런 응답이어야 한다. 그런 의미에서 다음 예도 좋지 않은 문항이다. 실제 경우 이런 대화에서 B의 자연스런 응답은 No, Mary can't read French and neither can Jane.이 아니라 그냥 No, neither can do.이기 때문이다.

예) A: Can the girls read French?

B: No, Mary can't read French and _____.

a. neither can Jane   b. Jane either can't

c. so can't jane   d. Jane can't too

하지만 아래 예는 괜찮다. B의 입장에서 실제 사용할 수 있는 표현이기 때문이다.

예) A: Mary can't read French.

B: And _____.

a. neither can Jane   b. Jane either can't

c. so can't Jane   d. Jane can't, too.

셋째, 지역에 따라 달리 사용될 수 있는 표현은 모두 정답으로 간주해야 한다. 예를 들면 A is different from B. 대신 A is different than B. 를 사용하는 지역이나 사람들도 있으므로 어느 한쪽만 정답으로 인정하는 과를 범하지 않아야 한다. 하지만 이런 문제는 문항 개발자 자신이 어느 한쪽만을 사용하기 때문에 잘 모를 수도 있다. 특히 문항 개발자가 원어민이 아닌 경우에는 이런 부분에서 더욱 오류를 범할 수 있다.

넷째, 보기의 오답은 문자언어로는 표가 나지만 음성언어로는 잘 표가 안 나는 오류를 포함하지 않는 것이 좋다. 예를 들어 다음 문항은 글로 썼을 때는 쉽게 답을 고를 수 있지만 말로 했을 때는 A와 C의 구별이 잘 안 된다. 발음이 비슷하게 들린다. 실제 대화를 할 때 A로 발음하나 C로 발음하나 의사소통에 전혀 지장이 없을 것이다. 따라서 별로 좋지 않은 문항이다.

예) A: Do you drink coffee?

B: Not any more, but I _____.

a. used to   b. am used to   c. use to   d. used to do

10.3 읽기 평가

읽기 능력 즉 독해력은 텍스트를 읽고 이해하는 능력을 말한다. 그런데 듣기나 읽기 같은 수용적 기술(receptive skills)은 대개 겉으로 드러나는 언어 행위가 아니기 때문에 그 수행 정도에 대해 간접적인 평가 도구로 추정을 하는 수밖에 없다. 하지만 일반적으로 읽기 능력 평가에서 측정하고자 하는 기술들은 크게 거시적 기술과 미시적 기술로 나눌 수 있다.

1) 읽기 기술

(1) 거시적 기술

거시적 기술(macro-skills)은 학습자의 필요나 교과 목표에 직접 관련된 기술을 말하는 것으로, 정보 찾으며 읽기(scanning), 훑어 읽기(skimming), 저자의 논지 파악하기, 저자의 논지를 뒷받침해주는 구체적 보기 파악하기 등의 능력들이 여기에 해당한다.

(2) 미시적 기술

미시적 기술(micro-skills)은 거시적 기술의 바탕이 되는 기술을 말하는 것으로, 대명사가 무엇을 지칭하는지 파악하는 능력, 모르는 단어가 나왔을 때 의미를 추측하는 능력, 지문 속 부분들의 관계를 이해하는 능력 등이 여기에 포함된다.

텍스트를 통해 위와 같은 거시적 기술과 미시적 기술의 터득에 관해 측정하는 문항들 외에도 독해력 측정 문항들에는 텍스트 없이 문법이나 어휘에 대한 지식을 직접 묻는 문항들도 포함되는데, 전통적 지필고사에서 분리 평가의 일환으로 많이 쓰이는 형태의 문항들로서 어휘력이나 문법적 지식 또한 독해력에 필수적이기 때문이다.

2) 읽기 평가를 위한 텍스트의 선정

읽기 능력 측정을 위해서는 텍스트를 사용해야 한다. 텍스트는 원어민 독자를 목표로 만들어진 실제 텍스트(authentic text)가 있고 외국어 학습자를 위해 쉽게 만들어진 비실제 텍스트 혹은 간편화된 텍스트

(unauthentic or simplified text)가 있다. 그런데 읽기 평가에서 전자를 사용할 것인지 후자를 사용할 것인지에 대해서는 측정하고자 하는 것이 무엇인지에 따라 다를 수 있다. 실제 자료들은 어휘나 표현 등에 있어서 학습자의 수준에 맞게 통제된 것이 아니기 때문에 다소 어려울 수는 있으나 그렇다고 저 수준의 학습자에게는 사용할 수 없다는 뜻은 아니다. 어떻게 사용하느냐가 중요할 것이다.

그렇다면 텍스트는 어떻게 골라야 할 것인가? 알맞은 텍스트를 잘 고르기 위해서는 경험과 판단력과 어느 정도의 상식이 필요하다. 이는 상황마다 모두 다르기 때문에 책에서 제공할 수 있는 성격의 지식은 아니다. 하지만 대체로 일반적인 제안을 하자면 다음과 같다.

(1) 가능하면 대표성을 지닌 표본을 선택해야 한다. 다시 말해서 선택한 텍스트가 수험자의 읽기 능력을 잘 나타내 줄 수 있는 텍스트이어야 한다.

(2) 다양한 장르와 스타일의 텍스트를 포함시키는 게 필요하다. 사람이 살아가면서 접하게 되는 텍스트의 종류는 장르나 스타일 면에서 다양하다. 따라서 읽기 학습과 평가를 통해서 그런 경험을 할 수 있게 하는 게 필요하다.

(3) 텍스트의 길이는 적절해야 한다. 어떤 독해 기술을 측정하고자 하느냐에 따라 달라질 수도 있다. 예를 들어 정보 찾아 읽기(scanning) 기술을 측정하고자 한다면 적어도 2,000자 정도는 되어야 할 것이다(Hughes, 1989). 반면에 정독 기술을 측정하고자 한다면 단 몇 줄로 이루어진 텍스트로도 가능할 것이다.

(4) 수용할만한 신뢰도 확보를 위해서는 가능하면 많은 텍스트를 포함시키는 것이 좋다. 하지만 시험 시간이 한정되어 있는 상황에서는 많은 텍스트를 포함시키는 것만이 능사가 아니므로 적절한 조절이 필요할

것이다.

(5) 측정하고자 하는 독해 기술에 맞는 텍스트를 고를 수 있어야 한다. 예를 들어 정보 찾아 읽기(scanning) 기술의 측정을 이해서는 텍스트에 충분한 양의 분리적 정보(discrete pieces of information)가 포함되어 있어야 한다. 이런 목적으로는 신문광고도 추천할만한 텍스트이다. 가령 'Help Wanted' 부분의 여러 가지 일자리 중에서 특정 일자리에 대해 찾아보라고 할 수도 있을 것이다.

(6) 수험자를 기분 나쁘게 만드는 내용이라든가 심리적으로 불안하게 하는 내용은 피하는 게 좋다. 예를 들어 일전에 필자가 본 어느 교과서 본문 내용에 등장인물의 손가락이 잘린다는 내용이 나오는데, 이런 내용은 그런 면에서 바람직하지 않다.

(7) 텍스트 내용이 수험자가 상식적으로 알고 있는 내용이라면 이는 타당한 독해력 측정이 될 수 없으므로 피하는 것이 좋다. 더구나 그것이 일부 수험자들에게만 유리한 내용이라면 더욱 그렇다.

(8) 읽기 평가에서 측정하고자 하는 것은 읽기 능력이다 따라서 텍스트가 지나치게 문화적으로 생소한 내용이어서 수험자들이 언어적으로는 글을 해석하는 데 어려움이 없음에도 불구하고 무슨 내용인지 잘 이해가 안 가는 그런 텍스트는 피해야 한다.

(9) 이미 읽어본 내용이나 이와 흡사한 내용의 텍스트는 사용하지 않아야 한다. 읽기 능력 평가의 타당도가 떨어진다. 기억효과가 많이 작용할 수 있다. 이런 점에서 학교에서 배운 교과서 지문으로 읽기 평가를 하는 것은 제대로 된 읽기 능력 평가라고는 할 수 없다. 하지만 그런 방법을 쓰는 이유는 학교 평가의 목적이 단순히 학생들의 현재 읽기 능숙도를 평가하는 것만이 목적이 아니기 때문이다. 학습을 유도하고 성취도를 측정하기 위한 교육적 목적이 크다고 하겠다.

3) 읽기 평가를 위한 문항의 종류

독해력을 측정하기 위해 사용할 수 있는 문항들은 다양하다. 현재 가장 널리 쓰이고 있는 것은 객관식 문항이긴 하지만 아래 제시된 다른 예들도 있으니 평가 목적과 상황에 따라 활용해도 좋을 것이다.

(1) 객관식 문항(Multiple-choice questions)
신뢰도나 효율성 면에서 높은 평가를 받는 객관식 문항들은 알려진 단점에도 불구하고 여전히 가장 널리 쓰이고 독해력 측정 문항의 한 종류이다.

(2) 단답형 문항(Short answer questions)
수험자로 하여금 글을 읽고 난 후 질문에 대해 간단하게 답을 직접 쓰게 하는 방법이다.

(3) 클로즈 문항(Cloze)
지문 속에 기계적으로 몇 번째 단어마다 괄호를 한 후 수험자로 하여금 해당 단어를 끼워 넣게 하는 방법이다. 수험자가 각 괄호 속에 써 넣는 것은 단어일 뿐이지만 어휘 능력뿐만 아니라 문법 능력, 유추 능력, 문맥 이해 능력 등 읽기에 필요한 다양한 능력들이 함께 작용하므로 독해력 측정에 사용된다.

(4) 선택적 빈 칸 메우기/변형 클로즈 문항(= rational cloze)
클로즈 문항의 변형으로서 기계적으로 괄호를 하는 게 아니라 측정하고자 하는 것에 초점을 맞추어 괄호를 하는 방식이다. 예를 들어 전치사 능력을 알고자 할 때 지문 속의 전치사에만 괄호를 한다든가, 문장의 앞뒤 문맥이나 구조에 대한 지식을 측정하고자 할 때 지문 속의 연결어(junction words)에만 하는 것 등이 여기에 해당한다.

(5) C-테스트 문항

C-테스트는 클로즈테스트의 한 종류라고 할 수 있는데 클로즈테스트와는 달리 각 두 번째 단어마다 철자의 반면 제시하고 나머지를 수험자로 하여금 채워서 단어를 완성하게 하는 방법이다. 이런 테스트 문항들은 생각보다 만드는 데 시간도 많이 걸리고 또 평가라기보다는 게임 같은 느낌이 들며, 또한 답이 지문 속에 있는 경우도 많아 중요한 평가 방법으로 권장하기에는 문제가 많다.

(6) 해당하지 않는 단어 고르기(intrusive word technique)

문장에 필요 없는 단어를 끼워 넣어놓고 수험자로 하여금 찾아내게 하는 기법으로, 단어뿐만 아니라 필요 없는 문장(sentence)이나 문단(paragraph)을 지문 속에 넣어 놓고 찾아내게 하는 경우도 있다.

(7) 정보 전환하기(Information transfer)

글에 나타난 정보를 다른 형태로 바꾸게 하는 기법이다. 예를 들면 글을 읽고 제시된 일련의 그림들을 순서대로 번호를 매기게 한다든가, 제시된 차트를 완성하게 한다든가, 지시대로 그림을 그리게 한다든가 등의 예들이 이 문항에 해당한다.

4) 읽기 평가 문항 개발 시 유의점

읽기 능력 측정을 위해 문항 개발을 하는 데 있어서 유념해야 할 사항들을 기술하자면 다음과 같다.

첫째, 문항의 지시문에 사용된 어휘나 통사는 가능하면 쉽고 간단해야 한다. 측정하고자 하는 것이 지문을 제대로 이해하는 지 여부이기 때문이다. 지시문을 이해하지 못해서 문제를 제대로 풀지 못하는 일이 있어서는 곤란하다.

둘째, 가능하면 문항에서 문제 제시(즉, stem 혹은 lead) 부분에는 문제가 제시되어야 한다. 다시 말해서 무엇을 묻고 있는지가 명확해야 한다. 필자가 분석한 학교 시험 문제지들에 의하면 이 점에서 현재 적지 않은 교사들이 오류를 범하고 있다. "다음 중 옳은 것은?" 또는 "다음 중 틀린 것은?"이라고 하고 보기들만 제시하는 경우들이 적지 않다 이는 다음 문항의 예에서도 마찬가지이다.

예) John   A. obviously liked what he heard

B. became angry upon hearing Mary's words

C. didn't understand what he has told

D. ridiculed Mary's ideas

이 문항에서 stem은 John이다. 무엇을 묻는지 그것만으로는 도무지 알 수 없다. 수험자들이 결국 답은 고를 수 있겠지만 이런 문항은 수험자로 하여금 보기들을 다 읽어보고 스스로 문제가 무엇인지 파악하라는 뜻이나 다름없다.

셋째, 정답은 지문을 이해했을 때 고를 수 있는 것이라야 한다. 단순히 지문에 있는 문장과 보기에 있는 문장을 비교해보고 답을 고를 수 있다면 잘못된 문항이다. 다시 말하자면 지문에 있는 문장을 보기에 그대로 쓰는 것을 피하고 같은 뜻의 다른 문장으로 바꿔 쓰기

(paraphrasing)를 해야 한다.

넷째, 모든 문항들은 수험자로 하여금 지문을 읽게 만들어야 한다. 지문을 읽지 않아도 상식에 바탕을 두고 답을 고를 수 있다거나 보기들 중 서로 상충되는 부분을 빼다보면 답이 나오는 식의 문항은 배제되어야 한다.

10.4 듣기 평가

듣기와 말하기를 분리하는 것은 의사소통능력을 강조하는 언어 교육이나 평가에서 다소 이상하게 들릴 수도 있다. 왜냐하면 의사소통에서 그 두 기술은 함께 하기 때문이다. 하지만 경우에 따라서는 듣기만 하는 경우—예를 들면 라디오를 듣는다든가, 강의를 듣는다든가, 공항에서 알림(announcement) 방송을 듣는다든가 등—도 없지 않으니 듣기도 언어 행위의 한 부분으로서 독립적으로 평가할 수 있다.

읽기와 마찬가지로 듣기도 수용적 기술이기 때문에 듣기 평가는 읽기 평가와 거의 유사하다. 읽기 평가에서도 평가하는 기술에도 거시적 기술과 미시적 기술이 있는데 이들의 예를 살펴보자.

1) 듣기 기술

(1) 거시적 기술

거시적 기술(macro-skills)에는 특정한 정보(specific information)를 위해 듣기, 들은 내용의 대충 뜻(gist) 파악하기, 지시(direction)대로 따라 하기, 설명(instruction) 이해하기 등의 기술이 포함된다.

(2) 미시적 기술

미시적 기술(micro-skills)에는 억양 패턴 이해하기, 문장 구조의 기능 이해하기 등이 속한다. 문자언어와는 달리 음성언어에서는 억양으로도 의미가 달라진다. 따라서 억양에 따른 의미 파악도 할 수 있어야 제대로 의사소통이 이루어 질 수 있다. 예를 들면 냉소적인 말인지 칭찬하는 말인지 구분할 수 있어야 한다. 문장 구조의 기능에 대한 이해 또한 미시적 기술에 해당하는데, 예를 들면 몰라서 묻는 질문인지 부탁하는 것인지 구분할 수 있어야 할 것이다. 시각을 묻기 위해 "Do you have a watch?"라고 했는데 "Yes, I do."라고 답한다면 매우 어색한 답이 될 것이다. 이럴 때는 예를 들면 "Sure, it's 10:20."라고 해야 적절한 답이 될 것이다.

위와 같은 듣기 기술들 외에도 초보자의 경우 음소(phoneme)—예를 들어 한국 학생의 경우 /f/와 /p/, 또는 /b/와 /v/ 등의 구분—자체를 구분하지 못하는 경우도 있기 때문에 듣기 평가 문항에 이를 포함시키는 경우도 있다. 하지만 이렇게 음소만을 다루는 문항은 주로 진단적인 목적으로 사용하며, 실제 듣기 능숙도 측정을 위해서는 사용하는 경우가 드물다.

2) 듣기 평가를 위한 텍스트의 종류

우선 듣기 평가를 위해서 어떤 텍스트를 사용할 것인가를 정해야 한다. 텍스트는 독백체(monologue), 대화체(dialogue), 여러 사람들 사이의 대화체(multiparticipant) 등이 있으며, 여기서 어떤 것을 선택할 것인가를 정하고, 또한 텍스트 형식도 알림 방송, 발표나 강의, 설명하기, 지시하기 등 다양한 형태가 있으니 어떤 것을 사용할 것인지 선정해야 한다. 뿐만 아니라 이러한 텍스트는 그 대상이 누구인지―일반 대중, 학생, 어린아이들 등―도 다를 뿐 아니라 제목도 다양하기 때문에 이런 점들에서도 수험자들에게 적절한 종류를 선정하는 것이 필요하다.

텍스트 종류를 정하는 데 있어서 또 한 가지 고려해야 할 점은 텍스트의 실제성(authenticity)이다. 실제 텍스트(authentic text)를 사용할 것인지 아닌지는 수험자에게 어떤 듣기 능력을 요구하느냐에 따라 달라질 수 있다. 만약 수험자가 원어민과 언어 사용을 할 수 있는지 여부에 관해 평가하고자 한다면 당연히 실제 텍스트를 사용해야 할 것이다. 하지만 그게 아니고 단지 수험자가 외국인으로서의 자신에게 한 말을 이해할 수 있는지에 관심이 있다면 실제 자료를 고집할 필요가 없다. 원어민 발음으로 녹음은 하되 비실제 텍스트(unauthentic text)를 사용하는 것이 오히려 바람직할 수도 있다. 왜냐하면 실제 텍스트는 원어민을 상대로 하는 것이어서 말의 속도, 사용된 어휘나 표현 등에서 외국인 수험자들에게는 난이도가 너무 높을 수 있기 때문이다.

3) 듣기 평가 기준 정하기

만약 평가가 수험자들에게 적정한 수준으로 만들어졌다면 읽기 평가에서와 마찬가지로 듣기 평가에서도 거의 만점을 받아야 목표 달성을 했다고 말할 수 있을 것이다. 하지만 수험자들의 수준보다 난이도가 조금 높은 평가라면 합격점은 낮아질 것이다. 요즘 강조하는 준거(목표)지향 평가(criterion-referenced tests)에서는 수험자가 어떤 점수를 받아야 "PASS"라고 간주할 것인가를 미리 정해야 한다. 이 cut-off 점수가 바로 준거(criterion)이다.

4) 듣기 평가 유형

듣기 평가에는 다양한 유형들이 있는데 예를 들면 다음과 같은 것들이 포함된다.

(1) 들은 내용에 대해 보기에서 답을 고르는 객관식 문제(Multiple choice questions)

(2) 들은 내용에 대해 간단하게 직접 답을 쓰는 문제(Short answer questions)

(3) 들은 내용을 다른 형태—예를 들면 차트에 표시하기, 그림으로 그리기, 그래프에서 찾기 등—로 표현하기(Information transfer techniques)

(4) 듣고 필기하기(Note taking)

(5) 부분적인 받아쓰기(Partial dictation)

(6) 들은 내용 회상하기(Listening recall)

위의 보기들 외에도 부분적으로 여러 유형의 혼합형 등 수험자의 수준과 평가 환경 등을 고려한 다양한 형태로 평가 문항이 가능하다.

10.5 쓰기 평가

쓰기 능력을 측정하는 가장 좋은 방법은 수험자로 하여금 글을 쓰게 하는 것이다. 말하기나 쓰기 같은 생산적 언어 기술을 직접 수행 없이 간접적으로 타당하고 신뢰성 있게 평가할 수 있는 방법이란 없다. 그렇다면 쓰기 평가를 위한 문항 개발은 어떻게 할 것인가부터 살펴보자.

1) 쓰기 평가 문항 개발

쓰기 평가 문항 개발에서 염두에 두어야 할 점들을 정리하자면 다음과 같다.

첫째, 평가에 포함된 쓰기 과제는 수험자에게 요구되는 다양한 쓰기 과제 중 대표성을 지닌 것이라야 한다. 그래야만 그 사람의 쓰기 능력을 제대로 평가할 수 있기 때문이다.

둘째, 수험자의 다양한 쓰기 능력을 측정하기 위해서는 가능하면 많은 쓰기 과제를 평가에 포함해야 한다.

셋째, 외국어 쓰기 능력에서는 쓰기 능력을 평가해야 하며, 다른 능력이 평가되어서는 안 된다. 예를 들어 창의력이라든가 상상력 같은 게 필요한 쓰기 과제는 적절하지 않다.

넷째, 수험자를 제한할 필요가 있다. 다시 말하면 지나치게 많은 자유를 줌으로써 수험자의 글이 너무 엉뚱한 방향으로 가지 않도록 해야 한다. 그러기 위해서는 쓰기 전에 무엇에 대해 써야 하는가를 명확히 알게 할 필요가 있다.

2) 쓰기 평가의 유형

쓰기 능력 측정을 위해 사용할 평가 유형은 다양하게 있을 수 있다. 크게 다음과 같은 유형으로 나눌 수 있지만 각 유형별로 실제 과제는 다양하게 만들 수 있다.

(1) 편집하기 과제(Editing task)
텍스트를 제시하고 특정 부분—예를 들면 시제 바꾸기, 문의 구조

바로 하기 등—에 초점을 맞추어 다시 쓰게 할 수 있다.

(2) 에세이 평가(Essay tests)

어떤 주제에 대해 직접 글을 쓰게 하여 그 결과물을 평가하는 방법이다.

(3) 통제작문 과제(Controlled writing tasks)

통제작문은 외국어 학습자들에게 가장 널리 사용되는 작문의 형태이다 아직 자유작문(Free composition)을 할 능력이 안 되는 학습자들에게 교사가 모델 텍스트를 내주고 그 텍스트의 특정 부분—예를 들면 현재로 되어 있는 시제를 모두 과거형으로 바꾸는 것 등—을 바꾸어 다시 쓰게 하는 과제를 줄 수 있다.

(4) 요약하기(Summary) 과제

제시한 글을 읽고 그 내용을 요약하게 하는 방법인데, 언어능력이 뛰어난 수험자는 자신의 표현으로 내용을 잘 요약할 수 있을 것이지만 그렇지 못한 수험생의 경우 글의 표현을 그대로 사용하는 경향이 있을 것이다. 하여튼 능숙한 요약은 글의 핵심 아이디어를 잘 포함하고 있다.

3) 쓰기 평가에서의 채점

쓰기와 같은 수행 평가에서의 채점은 주관적인 채점이기 때문에 신뢰도를 확보할 수 있어야 한다. 총체적 채점(holistic scoring)과 분석적 채점(analytic scoring) 중에 어떤 채점 방식을 선택할 것이지는 평가의 목적과 평가 환경에 따라 정해져야 한다. 만약 진단적인 목적이 강하거나 잘 훈련된 채점자가 아닐 때는 분석적 채점이 필요하다. 분석적 채점도 주관적인 판단이 개입되지 않는 것은 아니지만 총체적 채점보다는 객관성을 높일 수 있다. 하지만 어떤 채점 방식을 선택하든 쓰기 평가와 같은 수행 평가는 주관적 판단이 많이 들어가는 채점이기 때문에 둘 이상이 참여하는 다인 채점(multiple scoring)이 필요하다.

Brown(2001)은 쓰기 평가를 위한 분석적 채점에서 채점 대상에 1) 내용(Content), 2) 구성(Organization), 3) 담화의 유기성(Discourse), 4) 문법(Syntax), 5) 어휘(Vocabulary), 6) 철자 및 구두점(Mechanics)을 포함시키고 있다. 하지만 수험자의 쓰기 능숙도와 평가 목적에 따라 채점 대상은 조금씩 다를 수도 있을 뿐 아니라 일부 구성요소를 더 강조하거나, 덜 강조할 수도 있을 것이다. 예를 들어 아래 〈채점표 1〉에서는 철자나 구두점은 채점의 대상에서 빠져있다. 반면 〈채점표 2〉에서는 철자는 포함시키되 그 비중을 크게 두지 않고 있다.

어떤 구성요소를 채점 대상에 넣든지 간에 중요한 것은 채점이 객관성을 확보할 수 있기 위해서는 다인 채점뿐만 아니라, 채점 기준을 미리 정해야 한다는 것이다. 아래 채점 기준의 보기는 쓰기 평가에서 채점 대상에 내용(content), 글의 구조(organization), 문체(writing style), 정확성(correctness)과 노력(efforts)을 포함시킨 경우이며, 채점 대상 요소별로 0~3점까지 각각의 점수에 대한 채점 기준을 보여주고 있다.

〈채점표 1〉

	5	4	3	2	1
유창성 (5)					
문법 (5)					
어휘 (5)					
내용 (5)					
일관성 (5)					
응집력 (5)					

이름: ＿＿＿＿＿＿＿＿＿＿＿＿ 　　　　총점: ＿＿＿＿ /30

〈채점표 2〉

이름: ＿＿＿＿＿＿＿＿＿＿＿＿ 　　　　총점: ＿＿＿＿ /30

	5	4	3	2	1
유창성 (5)					
문법 (5)					
어휘 (5)					
내용 (5)					
일관성 (5)					

〈채점 기준의 보기〉

내용

3: 제목이 독창적이다. 아이디어들이 기발하며 상상력이 풍부하다.

2: 제목이 적절하며 아이디어들이 재치 있다. 세부적인 면에서 흥미로운 점들이나 우수한 면이 있다. 세부적인 부분들이 주 아이디어를 뒷받침하고 있다.

1: 제목에서 벗어나 있으며 흥미롭지 못하다. 아이디어들도 빈약하고 세부적인 부분들이 주 아이디어를 뒷받침하지 못하고 있다.

0: 남의 것을 베꼈거나 채점을 할 수 있을 만큼 내용이 충분치 못하다.

구조

3: 아이디어들이 각 문단들로 구조화 되어 있으며, 글이 논리적으로 전개되고 있다.

2: 비록 각 문단들로 나누어 나타낸 것은 아니지만 자신의 생각을 표현하는 데 있어서 시작과 끝맺음이 제대로 되어 있다.

1: 아이디어들이 흩어져 있고 글의 구조화에 대한 개념이 없다.

0: 무슨 뜻을 전달하고자 하는지 도무지 글을 이해하기 힘들다.

문체
3. 학생의 수준에서 볼 때 인상적인 문장과 어휘를 사용하고 있다. 2: 복합문들을 사용할 줄 알며 어휘 선택이 정확하다. 1: 비교적 정확한 기본 문장과 어휘를 사용하고 있다. 0: 문장에 오류들이 많으며 어휘의 선택이 정확하지 못하다.

정확성
3: 기본 문장과 어휘 사용에 오류가 거의 없으나 어려운 구조의 문장이나 어려운 어휘 사용에 있어서는 다소의 오류가 있다. 2: 기본 문장과 어휘 사용에 약간의 오류가 있고 어려운 문장은 사용을 하지 않고 있다. 1: 기본 문장과 어휘 사용에 있어서 오류가 자주 있다. 0: 영어의 규칙을 제대로 이해하지 못하고 있다.

노력의 정도
아래 제시된 항목들을 바탕으로 다음과 같이 채점할 수 있을 것이다. 3: 많은 노력이 엿보인다. 2: 다소 부족하지만 나름대로 노력을 하였다. 1: 노력이 많이 부족하다. 0: 전혀 노력을 하지 않았다. - 완성된 글을 제 때 제출했는지 여부 - 남의 것을 베끼거나 도움을 받지 않고 자신의 노력으로 글을 썼는지, 글을 정성스럽게 썼는지 여부 - 제목이나 길이, 구조, 어휘, 문장의 종류 등에 있어서 교사의 요구에 가깝게 글을 썼는지 여부 - 학생의 수준에서 이미 터득이 되었어야 한다고 판단되는 부분에 있어서의 오류 (즉, 부주의해서 저지르는 오류)가 어느 정도인지 여부 - 학생 수준을 넘어서는 어휘나 문장들을 사용하고자 하는 의도가 있는지 여부(이 부분에 있어서는 나름대로의 시도가 중요하게 여겨지며 따라서 오류가 있어도 좋고 오히려 권장됨)

쓰기 평가에서의 채점 대상 중에는 쓴 내용의 일관성(coherence)이나 응집성(cohesion)도 포함되는데, 일관성이란 글이 내용 면에서 앞뒤가 잘 연결될 때 갖게 되는 특성이다. 글의 일관성에 대해 분석하는 한 가지 방법으로는 주제구조(topical structure)를 분석하는 방법을 들 수 있

을 것이다. 응집성이란 문장 간의 또는 글의 부분 간의 관계를 나타내기 위해서 명시적인 언어적 도구를 사용하는 것을 의미하는 것으로 형식에 관한 것이다. 이러한 도구들은 절(phrase)이 될 수도 있고 단어(word)가 될 수도 있는데, 독자로 하여금 글의 앞뒤를 연결하는 데 도움을 준다. 글의 일관성과 응집력에 대한 채점은 〈부록 D〉에 수록되어 있는 Chiang(1999)의 채점 기준을 참고로 할 수 있을 것이다.

10.6 말하기 평가

음성언어를 가르치는 목적은 그 언어로 사람들 사이에서 상호작용 능력을 기르게 하는 것이다. 이는 이해력과 표현력을 동시에 필요로 한다. 다시 말하자면 듣기와 말하기는 불가분의 관계이다. 상대방의 말을 알아듣지 못하면 그에 대한 적절한 반응을 할 수 없기 때문이다. 하지만 말하기 능력은 초기 학습자에게는 요구할 수 없는 능력이다. 아직 표현력이 길러지지 않은 상태이기 때문이다. 이런 경우에는 이해력만을 측정하는 것이 적절할 것이다.

말하기 평가에서 중요한 것은 수험자로부터 채점하기에 충분한 양의 말을 표본으로 도출해 내고 또한 그 표본을 효과적으로 채점하는 일이다. 이를 위해서 평가자는 수험자들로부터 말을 이끌어 내는 테크닉을 갖추어야 할 것이며 또한 객관성 있게 그것을 채점하는 테크닉을 갖추어야 할 것이다.

1) 말하기 능력의 구성요소

그렇다면 말을 잘한다는 것은 어떤 것을 할 수 있다는 의미인가? 이에 대해 Nunan(1989, p. 32)은 말하기 능력의 구성요소로 다음 능력들을 제시하고 있다.

⑴ 목표언어의 개별 음소를 정확하게 발음할 수 있는 능력
⑵ 강세, 리듬, 억양 패턴 등에 따른 의미 파악 능력
⑶ 인정할 수 있을 정도의 유창성을 가지고 말하는 능력
⑷ 인간관계를 감안한 적절한 언어 사용 및 정보 전달 능력
⑸ 자신이 말할 차례나 순서를 아는 능력
⑹ 사람들 사이에서 적절한 상호작용을 할 수 있는 능력
⑺ 상대방의 의미를 효과적으로 파악하는 의미 교섭 능력
⑻ 상대방의 말을 경청하는 자세
⑼ 상대방 말의 의도를 알아차리는 능력
⑽ 관용적 표현을 적절히 사용하고, 망설임 또는 지연을 위한 중간사 (hesitation filler)를 효율적으로 사용하는 능력 등

이상의 능력들을 말하기 평가에서 제대로 채점한다는 것이 결코 쉬워보이지는 않는다. 평가자의 전문성이 요구된다고 하겠다.

2) 말하기 평가 과제 정하기

말하기 평가에서 수험자에게 요구되는 과제는 수험자의 능력을 대표할 수 있는 언어 행위를 끌어낼 수 있어야 하며, 채점 또한 타당도

와 신뢰도를 확보할 수 있어야 한다. 평가에서 고려해야 할 사항은 어떤 내용의 과제를 어떤 형식으로 평가할 것이냐 하는 점이다.

(1) 내용

우선 수험자에게 요구되는 행위—예를 들면 표현하기(Expressing), 이야기하기(Narrating), 도출하기(Eliciting), 지시하기(Directing), 보고하기(Reporting) 등—가 무엇인지를 고려해야 한다. 또한 텍스트 종류는 어떤 것으로 할 것인지, 청자(Addressees)는 누구를 대상으로 할 것인지, 제목(Topics)은 어떤 것으로 할 것인지, 그리고 채점 대상에는 어떤 요소들—정확성(accuracy), 적절성(appropriateness), 범위(range), 융통성(flexibility), 분량(size) 등—을 포함시킬 것인지에 대해 고려해야 한다.

(2) 형식

인터뷰 형식으로 할 것인지, 또래끼리 상호작용을 하게 할 것인지, 녹음기에 녹음된 내용을 듣고 그에 반응하게 할 것인지 등에 대해 고려해야 한다.

3) 말하기 평가에서 유념할 사항

말하기 평가는 평가자의 평가 방법에 따라 그 결과가 매우 달라질 수도 있는 만큼 평가자는 다음 사항을 유념해야 할 것이다.

⑴ 가능하면 말하기 평가를 길게 함으로써 수험자로 하여금 충분한 말을 하도록 유도해야 한다.

⑵ 허락된 시간 안에 평가하고자 하는 특정 내용에 대해 가능한 광

범위한 표본이 포함되도록 한다. 예를 들어 묘사하기를 통해 말하기 능력을 평가하고자 한다면 다양한 것을 묘사하도록 해야 할 것이다. 한 가지만 묘사하게 해서는 제대로 능력을 평가할 수 없기 때문이다.

(3) 다른 언어능력 평가에서도 세심한 계획이 중요하지만 특히 말하기 능력 평가에서는 평가가 거의 동시에 일어나기 때문에 평가가 끝나고 나면 수험자의 말이 남아있지 않다. 녹음기로 녹음을 하지 않는 한 다시 들을 수가 없다. 따라서 보다 세심한 평가 계획과 실시가 필요하다.

(4) 가능하면 평가에서 새롭게 시작할 수 있도록(fresh starts) 인터뷰 질문들을 해야 한다. 한 가지 질문에 대해 잘 몰라서 답을 제대로 못했으면 그 다음 질문은 다른 것으로 바꾸어야 한다. 그렇지 않고 계속 앞의 질문과 관련되는 질문을 한다면 계속 답을 잘못할 수밖에 없다. 수험자가 잘 모르는 부분에 대해서는 어떤 질문을 하건 계속 할 말이 없기 때문이다.

(5) 인터뷰를 잘하는 것은 생각만큼 그리 쉽지 않다. 수험자를 인터뷰할 평가자는 전문성이 있어야 한다. 테크닉을 갖추기 위한 훈련이 필요하다. 또한 평가자는 수험자에 대해 동정적이며 질문을 하는 데 있어서 융통성이 있어야 하고 그 자신이 목표언어 구사에 있어서 능통해야 한다.

(6) 쓰기나 말하기 평가와 같은 생산적 언어 기술(productive language skill)에 대한 평가를 제대로 하기 위해서는 수행 평가가 되어야 하고 이는 주관적인 채점을 할 수밖에 없다. 채점이 객관성을 갖추기 위해서는 다인 채점(multiple scoring)이 당연히 필요하다.

(7) 말하기 과제나 주제는 수험자가 자신의 모국어로 말할 경우 어

려움이 없는 것이어야 한다. 자기 나라 말로 해도 할 말이 없는 경우에는 외국어로도 할 말이 없을 것은 뻔하다. 다시 말하면 자기 나라 말로 해라고 하면 잘할 수 있는 것으로 평가해야 한다.

(8) 인터뷰는 조용한 환경에서 음향도 좋은 곳으로 해야 한다. 시끄럽고 말이 잘 안 들려서 인터뷰 내용을 잘 알아듣지 못하는 일이 있어서는 안 될 것이다.

(9) 수험자를 편하게 해주어야 한다. 수험자 앞에서 인터뷰하면서 점수를 매기는 일은 수험자를 긴장하게 하므로 삼가야 한다. 인터뷰가 끝나고 수험자가 나간 뒤 다음 수험자가 들어오기 전 시간을 이용하여 채점을 하는 것이 좋다.

(10) 인터뷰하는 동안 평가자가 너무 말을 많이 해서는 안 된다. 대신 수험자로 하여금 말을 많이 하도록 유도해야 한다. 일반적으로 수험자가 말을 제대로 못하면 평가자가 반복해서 말해준다든가 길게 설명을 하려는 경향이 있는데, 이보다는 수험자의 수준에 맞게 좀 더 쉬운 다른 질문을 던지는 게 필요하다. 능숙한 평가자는 수험자의 수준에 맞게 질문의 난이도를 조정할 줄 아는 사람이다. 만약 첫 질문에 대해 수험자가 유창하게 답을 한다면 그 다음 질문은 난이도를 좀 더 높여도 좋을 것이고, 만약 답을 제대로 못한다면 난이도를 낮추어야 할 것이다.

4) 말하기 도출 기법

말하기 평가에서 평가자는 수험자가 자신이 가진 능력을 최대한 나타낼 수 있도록 여러 가지 말하기 도출 기법을 사용해야 한다. 도출 기법에는 다음과 같은 것들이 포함된다.

(1) 질문을 하거나 정보 요청하기

이때 질문은 yes/no로 답하게 하는 질문은 피해야 한다. 충분한 말을 도출하지 못할 수 있기 때문이다. 예를 들면 "Do you have a large family?"라고 묻는다면 "Yes." 또는 "No."라고만 대답할 가능성이 있다. 따라서 이럴 경우에는 "Please introduce your family."라고 요청하는 것이 보다 많은 말을 도출할 수 있다.

(2) 그림 이용하기

낱개의 그림을 이용하여 수험자로 하여금 그 내용을 묘사하게 할 수도 있고, 여러 개의 그림을 시리즈로 보여주고 그것들을 바탕으로 이야기를 구성해 보라고 할 수도 있을 것이다. 그림뿐만 아니라 도표나 차트를 보고 설명하게 하는 방법도 있다.

(3) 역할극 하기

수험자로 하여금 어떤 상황 속에서의 역할을 정해주고 그 상황에서 어떻게 할 것인지 말해보라고 할 수 있다. 예를 들면 시험 성적이 예상한 것보다 낮게 나온 것 때문에 선생님을 만나야 할 상황에서 전화를 걸어 만날 약속 시각을 정하라고 할 수 있다. 이때 평가자가 선생님 역할을 한다. 역할극에서 사용하는 활동은 당연히 정보 차 활동(information gap activity)이어야 할 것이다.

(4) 해석하기

해석하기 과제로 이해력과 표현력을 동시에 평가할 수 있다. 예를 들면 주어진 어떤 텍스트를 보고 그 내용에 대해 자신의 언어로 상대방에게 설명을 하게 하는 것이 이에 해당한다.

(5) 토론하기

수험자들끼리의 토론을 통해서 말하기 능력에 대해 파악할 수도 있다. 하지만 이 기법은 수험자들 사이의 상호작용에서 있을 수 있는 취약점을 피할 수 없다. 예를 들면, 수험자들 간의 수준 차가 있다거나 성격적인 차이로 인해 특정 수험자가 토론을 혼자 장악할 경우 다른 수험자는 말할 기회조차 제대로 갖지 못하는 취약점이 있다.

(6) 녹음 내용 듣고 말하기

녹음된 내용을 듣고 그 내용에 대해 말하기를 하거나 녹음기에서 지시하는 대로 할 수도 있다. 예를 들면 녹음기를 통해 들은 내용에 대해 자신의 언어로 다시 말하게 한다거나 또는 들은 내용에 대해 자신의 의견을 말하게 할 수도 있을 것이다.

(7) 모방하기

모방하기(Imitation)를 통한 평가는 수험자가 일련의 문장들(sentences)을 듣고 그대로 따라해야 하는 평가 방법이다. 뜻을 알면서 따라할 때는 큰 어려움이 없지만, 뜻을 모르면서 따라해야 하는 경우는 훨씬 어렵다. 따라서 이해 능력이 작용하지 않을 수 없으며, 또한 기억력도 작용하지 않는다고 할 수 없다.

이상에서 다양한 말하기 도출 기법에 대해 소개하였다. 평가자는 이런 기법과 더불어 사용해서는 안 될 테크닉, 예를 들면 미리 준비해 와서 혼자 말하기(prepared monologue)나 소리 내어 읽기(Reading aloud) 등은 피하는 것이 필요하다. 전자의 경우, 말하기 능력이라기보다는 기억력 평가에 가깝다. 또한 후자의 경우, 읽기와 말하기 사이의 피할 수 없는 간섭 효과가 있을 수밖에 없다. 예를 들어 말은 잘해도 글을 잘 못 읽는 수험자의 경우에는 불리할 수밖에 없다. 따라서 평가자는 측정하고자 하는 능력이 제대로 측정될 수 있도록 그에 알맞은 평가 기법을 동원할 수 있어야 할 것이다.

제11장

교사들이 개발한 객관식
평가 문항의 오류 분석

이 장에서는 최근 필자의 연구들(Kim, 2009, 2010)을 통해 발견한 중학교 영어 시험지 문항들의 오류에 대한 분석 결과를 소개하고자 한다. 먼저 평가지의 질적 향상을 위해 개선이 필요한 평가 문항들의 특징에 대해 기술하고 난 뒤, 다음으로 구체적인 오류의 예를 들도록 하겠다.

11.1 문항 오류들의 특징과 수정 시 고려 사항

1) 단어와 문법 지식 문항의 높은 비중

단어와 문법 지식에 대해 묻는 문항의 비율이 지나치게 높다. 의사소통중심 수업을 강조하고는 있으나 평가 문항에서 측정하는 것은 옛날 방식과 크게 달라진 것이 없다. 평가 문항에 대화를 많이 사용하는 것이 달라진 부분이라고 할 수 있으나, 실상 답을 고르는 데에는 단어와 문법만 알면 풀 수 있는 문제가 많다. 심지어는 실제 문장이 아니라 문법을 가르치기 위해 사용하는 문의 뼈대 구조만 사용한 문항도 있었다. 대화체로 A에 대한 적절한 B의 응답을 고르는 문항은 단어, 문법 능력이 아니라 상대방의 말에 대해 적절히 반응하는 능력을 측정하는 문항이어야 할 것이다.

2) 보기들 간의 관련성 부족

문제의 보기들이 서로 관련성이 없는 경우가 있다. 보기에 사용된 단어들의 경우 같은 어느 정도 서로 유사성이 있어야 한다. 전혀 제각각인 보기들은 곤란하다. 또한 보기에 문장을 사용한 경우, 문장의 길이에도 서로 차이가 나는 경우가 적지 않다. 길이로 인해 학생들이 답을 고르는데 힌트를 얻는 일이 있어서는 곤란하다.

3) 문항의 불분명한 평가 목적

교육을 위한 평가지는 각 문항이 한 가지에 대해서만 묻는 것이 바람직하다. 한 개의 문항으로 여러 가지를 한꺼번에 묻기 때문에 학생들의 답이 틀렸을 경우에 교사로서는 그 학생이 무엇을 몰라서 틀렸는지 알 수 없는 문제가 적지 않다. 각 문항은 묻고자 하는 것이 명확해야 하며, 답을 고르지 못한 학생의 경우 무엇을 몰라서 틀렸는지를 알 수 있게 해야 한다.

4) 상황과 문제 제기 부분의 생략

상황을 제공하지 않은 채 질문하는 경우나 문제 제기 부분이 아예 없는 경우가 많다. 의사소통을 강조하는 교수에서는 상황 속의 언어 사용을 중요시 한다. 그렇다면 평가도 이를 반영해야 할 것이다. 같은 문장도 상황에 따라서 전혀 다른 뜻이 되거나 아예 적절하지 못한 표현이 될 수 있기 때문에 상황 제시는 매우 중요하다. 또한 문제 제기가 없이 "다음 중 옳은 것은?"이라든가 "다음 중 틀린 것은?"이라는 문제를 내는 경우가 많았는데, 이런 문항들은 학생들에게 보기를 다 읽어보고 스스로 문제를 파악하라는 뜻이나 다름없다. 답은 학생이 하지만 문제는 교사가 내야 한다.

5) 지문의 이해와 상관없는 문제

긴 지문을 제시하고 독해력 문항을 만들었으나 지문을 전혀 읽지 않고도 답을 고를 수 있거나, 상식에 의존해서 답을 고를 수 있는 문항들이 있다. 반드시 지문을 이해해야 문제를 풀 수 있도록 해야 하며, 지문과는 상관없이 답을 고를 수 있다든가 상식으로 풀 수 있는 문제는 배제되어야 한다.

6) 지문 독해에 방해가 되는 문제 출제

읽기 지문 속에 너무 많은 괄호와 번호를 삽입함으로써 시각적으로 읽기에 장애가 되는 지문이 제시되는 경우가 있다. 문제를 내다보면 괄호나 번호를 지문 속에 넣어야 할 경우가 있지만 지나쳐서 학생들의 지문 독해에 지장을 줄 정도면 곤란하다.

7) 지문 속의 문장이 보기에 그대로 사용된 경우

보기에 사용된 영어 표현들이 매우 제한적인 경우가 있었다. 이는 아마도 교사의 영어 능숙도와 관련된 문제가 아닌가 한다. 같은 뜻을 가진 다른 문장으로 바꿔 쓰기(paraphrase)를 하지 못하고 제시된 지문에 포함되어 있는 문장을 그대로 쓴다든가 거의 같게 쓴 경우 학생들은 제대로 이해를 못해도 답을 고를 수 있기 때문에 주의해야 한다. 교사의 영어 능숙도가 중요한 이유이다.

8) 비문법적이거나 넌센스 문장의 오답

오답에 비문법적이거나 말이 안 되는 넌센스(nonsense) 문장이 포함되는 경우가 적지 않았다. 오답이라고 해서 문장 자체가 말이 안 되는 것이어서는 곤란하다. 문법 지식을 측정하고자 하는 문항일 경우를 제외하고는 비문법적인 문장을 포함시켜서는 안 된다. 넌센스 문장은 학생들에게 부정적인 언어 입력(input)의 효과도 있다는 것을 고려해야 한다.

이상에서 교사들이 작성한 평가 문항에 나타나는 특징과 오류에 대해 몇 가지 기술하였다. 다음으로는 실제 문항들을 보면서 구체적으로 어떤 부분에 오류가 있는지 살펴보도록 하겠다.

11.2 오류 문항의 예

예1 주어진 예문의 빈칸에 현재진행형으로 넣을 수 있는 단어 2개 고르기. 보기 중 3개는 형용사, 2개는 동사. 따라서 동사 2개를 정답으로 한 것이나, 동사 1개(snow)는 문맥으로 볼 때 어색한 답이다.

"It was really hot yesterday, but it's _____ now." (답: rain, snow)

예2 질문에 대한 답으로 적절하지 않은 것을 고르는 문제이나 사실은 문장의 뜻 이해가 필요 없으며 문법 사항만 알면 풀 수 있는 문제이다.

A: Can he play the guitar?

B: _____ (답: No, he don't.)

예3 문장 속에 제시된 동사의 과거형(-ed) 발음이 나머지 넷과 다른 것 고르기이나 사실은 문장을 제시하는 목적이 없다. 문장을 읽지 않고도 정답을 고를 수 있기 때문이다.

1) He _____ (help) his mom.

2) He _____ (pick) up the teapot.

3) He _____ (stuff) his pockets with the food.

4) He _____ (pour) water into the man's pockets.

예4 보기에 들어갈 단어를 고르는 문제인데, 문장 해석을 하지 못해도 상식으로 풀 수 있는 문제이다. 즉, 전화(telephone)를 발명한 사람이 누군지에 대한 상식이 있으면 정답(Bell)을 고를 수 있다.

예5 주어진 문장의 내용에 대한 조언으로 알맞은 반응 고르기인데 사실은 단편적인 문법 지식 문제 즉, 'had better +동사원형'에 관한 문항이다. had better 다음에 동사원형이 온다는 사실만 알면 정답이 나온다. 주어진 문장을 읽을 필요조차 없고 보기만 읽어도 된다.

[Minsu is always late for school.]

1) He'd better buys an alarm clock.

2) He'd better to buy an alarm clock.

3) He'd better buying an alarm clock.

4) He'd better buy an alarm clock.

5) He'd better to buying an alarm clock.

예6 제시한 지문을 읽고 문제에 대한 답을 고르는 문제인데, 지문을 읽을 필요가 없다. 영어 이름과 호칭을 어떻게 사용하는지만 알면 된다.

Hi, I'm glad to meet you. My name is Roy Early. My family name is Early. I am your new English teacher. I am happy to study with xxx Girls Middle School students.

*위 글의 새로운 영어선생님 Roy Early를 부를 때 가장 알맞

예7 주제로 가장 알맞은 문장을 찾는 문제이나, 학생들이 본문과 보기의 문장들을 비교(match)만 잘해도 답을 찾는 것이 가능하며, 더구나 주어진 글은 주제문을 찾는 데는 적절하다고 볼 수 없는 글이다.

> In elementary school I had only one teacher.
> In middle school I have many teachers.
> In elementary school I had no uniform.
> In middle schol I wear a uniform.
> In elementary school I have many old friends.
> In middle school I have many new friends.
> I like middle school.

*위 글의 주제로 가장 알맞은 것을 고르시오.

1) I like elementary school.

2) I have many friends.

3) Middle school is different from elementary school.

4) In elementary school I had no uniform.

5) In middle school I have many teachers.

예8 주어진 질문에 대한 응답으로 보기에서 내용상 어색한 영어 문장 고르기. 하지만 질문을 이해하지 못하고도 보기 자체에서 답을 고를 수 있는 문제이다. 보기 5)가 정답인데, summer

와 snow 두 단어만 보아도 말이 안 되는 것을 알 수 있다. 내용 자체가 넌센스인 문장이다.

> Q: What's your favorite season and why?
> 1) I like spring because I can see many flowers.
> 2) I like fall because I can go hiking and see red and yellow leaves.
> 3) I like fall because I can enjoy clear sky and cool weather.
> 4) My favorite season is winter because I can make a snowman.
> 5) I like summer best because it snows and I can go skiing.

예9 문맥의 흐름으로 보아 글의 빈칸 (a)와 (b)에 공통으로 들어갈 단어 고르기인데, 이 문항의 문제는 긴 지문의 첫 단어에 바로 빈칸을 만들어 놓았다는 점이다. 빈칸 메꾸기는 적어도 첫 문장은 피해야 한다. 빈칸을 메꾸게 하기 전에 상황이 먼저 제시 되어야 하기 때문이다.

> _____ a study, eating insects is popular in areas where there are not many large animals to eat, and . . . .

예10 밑줄 친 단어가 문법적으로 바르게 쓰인 것 2개 고르기. 이 문항의 문제는 문제 제기 부분이 없고 보기들 간의 관련성도 전혀 없어서 문제의 핵심이 무엇인지를 알 수 없다는 점이다.

> 1) My mother bought me a sweater made in Italy.
> 2) The teacher made us to study hard.

3) I don't believe which you told me.

4) There is few money in my pocket.

5) It tastes smooth.

예11 대화내용으로 볼 때 인터뷰를 한다면 제시된 질문에 남자가
어떤 답을 했을지 고르기인데, 이 문항의 문제는 학생들로
하여금 사고를 하게 만들기보다는 결국은 문법 지식을 체크
하는 문제라서 인터뷰 내용을 읽을 필요가 없다는 점이다.
또한 제시된 인터뷰 내용(B)도 필요한 곳에 들여쓰기
(indentation)를 하지 않아 학생들이 읽는데 불편을 준다. 보잘
것 없는 부분이라고 생각할지 모르지만 학생들의 입장에서
는 이런 배려도 필요하다. (A)와 같이 제시하는 것이 바람직
하다.

(A)

M: Jane, what do you want to be in the future?

W: I want to be a fire fighter.

M: Really? I thought that you wanted to be a pianist.

W: I like playing the piano, but ever since I was young, I've always
   wanted to be a fire fighter.

M: But, I've never seen a female fire fighter before. Fire fighting is
   mostly a man's job. not a woman's.

W: I don't agree with you. Things have changed, so women can have any jobs that they want. They can become presidents, pilots, soldiers, etc.

M: You may be right, but I'm just saying that it's not good job for women. It's too dangerous.

W: I don't think so. Women can do everything, just like men.

(B)

M: Jane, what do you want to be in the future?

W: I want to be a fire fighter.

M: Really? I thought that you wanted to be a pianist.

W: I like playing the piano, but ever since I was young, I've always wanted to be a fire fighter.

M: But, I've never seen a female fire fighter before. Fire fighting is mostly a man's job., not a woman's.

W: I don't agree with you. Things have changed, so women can have any jobs that they want. They can become presidents, pilots, soldiers, etc.

M: You may be right, but I'm just saying that it's not good job for women. It's too dangerous.

W: I don't think so. Women can do everything, just like men.

*위의 대화를 참고하여 man이 다음과 같은 인터뷰에서 어떤 말을 하였을지 완성하시오.

위의 보기에서 2), 3)과 5)는 매력이 없는 보기이다. 질문이 "Have you ~?"니까 답은 "have"가 포함된 보기들만 보면 된다.

예12 영어로 된 고유명사 보기(김치, 사물놀이, 뮤지컬, 탈춤, 불국사) 중에서 한국을 대표하는 것이라고 볼 수 없는 것 고르기. 문제는 영어 능력이 아니라 상식으로 풀 수 있다는 점이다. 철자만 읽을 수 있으면 답은 바로 나온다.

1) Kimchi   2) Samulnori   3) musical

4) talchoom (mask dance)   5) Bulguksa temple

예13 선택권을 아무 데나 주는 것은 의미가 없다. 주관식 문제에서 학생에게 선택권을 주는 경우는 대개 개인의 경험에 보다 부합하는 문항을 고르게 하여 좀 더 답을 잘할 수 있게 하기 위해서이다. 다음 문항의 경우에는 선택을 하게 하는 이유가 무엇인지 알 수 없다.

〈주관식 1번-A, B 중 선택〉

A형〉 한글 문장을 영어로 옮길 때 빈 칸 3개에 들어갈 단어
써 넣기
B형〉 본문의 빈칸에 '점점 더 많은'이란 뜻의 영어로 된 표현
을 세 단어로 쓰기

예14 영어로 제시한 설명에 맞는 단어를 한글 보기 중 고르는 문제
인데, 문제는 영어 설명 중 한 단어만 알고 다른 부분은 해석
이 안 되어도 답을 고를 수 있다는 것이다. 역시 이 문항도
필요한 곳에 들여쓰기를 해야 할 필요가 있다. 현재로서는
각 문제 사이에 구분이 잘 안 된다.

10. It's a kind of dance, but it's a kind of play. You wear a mask
to do this dance.

11. This is a kind of food. There are many kinds, but the most
popular kind is made of cabbage. Usually it's hot, but it's
delicious.

12. Many Koreans wear this on Seollal and Chuseok. It's very
colorful, and many foreigners think it's beautiful.

13. This is a famous temple in Kyungju, the capital of Old Silla. It
was built in the middle of the 8th century. It was designated as
one of the World Cultural Heritages by Unesco.

1) 김치   2) 불국사   3) 탈춤   4) 한복   5) 비빔밥

예15 틀린 문장 하나 고르기인데, 문제는 무엇을 묻는 문제인지 알
수 없다는 것이다. 그냥 문장 들을 하나하나 보고 문법적으

로 틀린 것을 포함한 문장을 찾아내기이다.

> 1) I saw her sing in the room
>
> 2) When do you expect him to be back?
>
> 3) What do you want me do?
>
> 4) I made him laugh.
>
> 5) I helped him carry the baggage.

예16 지문을 읽고 빈칸에 들어갈 수 없는 것을 보기에서 고르는 문제인데, 사실은 지문을 읽어야 할 필요도 없고, 비교급 강조를 할 수 없는 말 고르는 문법 문제이다.

> . . . . . .
>
> . . . . . It's _____ larger than England and Korea.
>
> 1) much 2) far   3) very   4) still   5) a lot

예17 간단한 지문에서 단어가 잘못 쓰인 곳은 모두 몇 개인지 고르기. 문제의 초점이 무엇인지 명확하지 않다는 것이 문제점이다. 이런 문제는 학생들을 매우 불안하게 만든다. 답을 써 놓고도 제대로 했는지 모를 수 있다. 그리고 막연히 '단어'라고 하는 대신 '동사'라든가 '시제'와 같이 한정해 주는 것이 좋으며, 정확하게 몇 군데를 고르라고 제시하는 편이 낫다. 이런 맥락에서 "다음 중 옳은 것을 모두 고르시오." 또는 "틀린 것을 모두 고르시오." 등은 피하는 게 좋다.

> One day Hassan goes to a dinner party at his friend's house.

There was a lot of people. There was a lot of food, too. He eats
delicious food at the party.

1) 1   2) 2   3) 3   4) 4   5) 5

예18 두 문장의 빈칸에 공통으로 들어갈 전치사를 보기에서 고르
기(Thank A for B). 두 문장의 형태가 같아서 굳이 2개의 문장에
공통으로 들어 갈 말을 고르라고 하는 데 의미가 별로 없다.
문장 1개를 제시하는 것이나 다를 바가 없다.

Thank you (   ) coming.
Thank you (   ) inviting me.

1) at   2) with   3) for   4) by   5) of

예19 어제 무엇을 하였는지에 대한 질문에 대한 답으로 맞지 않는
문장 고르기(내용을 몰라도 현재시제 문장만 고르면 됨).

A: What did you do yesterday?
B: _____

1) went to school 2) see a movie   3) studied English

4) had a party   5) helped my mom

예20 영어로 제시된 보기들 중 어법상 잘못된 문장 고르기인데, 사
실상 조동사 다음에 나오는 동사에 s가 있는 동사를 고르면
정답. 문장 해석을 하지 못해도 상관이 없음. 보기에 밑줄도
긋지 않아 문제의 초점을 알 수 없다.

예21 일기예보 지도를 보고 보기의 대화가 일치하지 않는 것 고르기. 이 문항의 문제는 보기의 문장들이 단어 한 개씩 제외하고 모두 같다는 점이다. 구태여 대화로 보기를 낼 필요가 없다. 지도를 보고 그 지역 날씨를 묘사할 수 있으면 된다. 예를 들어 보기 1)은 It's fine in Seoul.이면 족하다. 구태여 같은 표현을 5개 보기에 모두 포함시킬 필요는 없다.

1) A: How's the weather in Seoul? B: It's fine.

2) A: How's the weather in Cairo? B: It's hot and sunny.

3) A: How's the weather in New York? B: It's cloudy.

4) A: How's the weather in Sydney? B: It's windy.

5) A: How's the weather in Moscow? B: It's cold and snowy.

이런 문항보다는 날씨에 관한 다양한 표현을 대화에 이용할 수 있으면 좋을 것이다.

예22 보기의 문장들 중 옳은 문장 고르기. 문제의 초점이 무엇인지 알 수 없을뿐더러 내용을 몰라도 주어가 3인칭 단수일 때 동사에 -s가 붙은 것만 고르면 되는 문제이다. 매우 단편적인 문법 지식을 묻는 문항이다. 같은 문장을 보기에 반복하는 것도 바람직하지 않은 문항이다.

1) I likes playing soccer.

2) She likes playing soccer.

3) They likes playing soccer.

4) He like playing soccer.

5) We likes playing soccer.

예23 영어 질문에 적절한 답변 고르기. 원어민이 출제한 문항이었는데, 문제를 푸는 학생이 한국 학생임을 감안한 문장이지만 학생들은 문법적으로 옳은 것도 인정해야 한다는 점 때문에 논란이 되었던 문제이다. 1번만 정답 처리하였다고 한다. 그런데, 또 하나의 문제는 원어민이 출제하였지만 질문 자체도 실제적(authentic)이지 못하였다는 점이다. 학생들이 한국 사람인 줄 뻔히 알면서 이런 질문을 던지는 일은 실제로는 없기 때문이다.

Q: Can you speak Korean?

1) Of course, I can.

2) Of course, I can't.

3) No, I can't.

4) Of I, course can.

5) No, can't I.

예24 보기 중 어색한 문장 고르기인데, 어떤 점에서 어색하다는 것인지 설명이 없다. 이 문항 역시 문제 도입부(stem or lead)에 문제 제기가 없는 문항이다. 확실히 틀린 문장인 정답 문장 외에도 관사가 잘못 쓰인 부분이 있다. 교사의 영어 사용에 좀 더 주의가 필요하다. 학생들에게 잘못된 언어 입력(input)이 되어서는 곤란하다.

---

*다음 중 어색한 문장은?

1) It was yesterday when I saw my friend.

2) Why don't you have your eyes tested?

3) It was I who helped an old man.

4) He took his success for granted.

5) The bus taken us to school was crowded.

예25 애완동물 키우기에 대한 지문의 내용과 같은 것을 한글로 된 보기에서 고르는 문제인데, 지문을 읽지 않고도 상식적으로 풀 수 있는 문항이다.

※ Read the following and answer the question.

Do you have a pet?

Many people raise pets at home these days. They especially like dogs and cats. Dogs and cats are good friends to people. They don't ask questions or say bad words. They just listen to people well. They recognize their owners just by hearing footsteps. They don't get angry or fight with owners. When people play with dogs and cats, they forget about their troubles.

Q: Choose the one which describes the content of the passage.

a. 요즘 사람은 귀찮아서 애완동물을 집에서 기르지 않는다.

b. 개와 고양이는 사람에게 좋은 친구가 될 수 없다.

c. 개와 고양이는 질문도 하지 않고 나쁜 말도 하지 않는다.

d. 개와 고양이는 주인의 발자국 소리만 듣고는 주인을 알지 못한다.

e. 개와 고양이는 주인과 매일 싸운다.

예26 문장의 빈 칸에 들어갈 동사의 형태로 올바른 것을 찾는 문항인데, 보기 중 4)와 5)는 철자에 관한 것이다. 보기 중 4)와 5)는 매력이 없는 보기이다. 학생들은 철자가 이상하다는 것쯤 이미 다 알기 때문에 아예 고려 대상에서 제외시킬 수 있다. 여기서 측정하고자 하는 것은 철자 능력이 아니라 동사의 적절한 형태이다. 따라서 철자는 바르지만 시제만 다른 형태로 바꾸는 것이 좋다. 예를 들면 have made 또는 was making 등으로 바꿀 수 있을 것이다.

1) make   2) makes   3) making   4) making   5) makking

지금까지 교사들이 작성한 객관식 문항의 오류에 대해 살펴보았다. 이상에서 소개한 것들은 필자가 발견한 오류 문항의 일부이지만 가장 빈번히 발견되는 오류의 종류들이라고 이해하면 되겠다. 위 보기들에서 알 수 있듯이 아주 기초적인 평가 기법마저 무시한 문항들도 있어 필자 스스로도 적지 않게 놀랐다. 아마도 교사들이 교단에 서기 전 평가 문항 작성에 대한 훈련을 제대로 받지 못한 탓이 아닌가 한다. 실제로 현장의 교사들 중에는 대학 수학 과정에서 정식으로 평가 과목을 수강하지 않은 경우도 적지 않은 것이 현실이다. 평가는 교육의 일부이다. 우리나라와 같이 학생들이 평가에 민감한 환경에서는 평가로 교육에 지대한 영향을 미칠 수 있다. 따라서 평가 문항 개선을 위한 교사들의 노력뿐만 아니라 교사 교육자들의 노력 또한 요구된다. 배우지 못한 것을 실천하라고 교사들에게만 요구할 수는 없기 때문이다.

참고문헌

최연희, 윤소영. (1999). 「중학교 영어과 수행평가의 개발과 적용효과에 대한 분석」. 『응용언어학』 15 (1), 253-282.

Auerbach, E. R. (1993). Reexamining English only in the ESL classroom. *TESOL Quarterly, 27*(1), 9-32.

Bachman, L. F. (1990). *Fundamental considerations in language testing.* Oxford: Oxford University Press.

Bachman, L. F. (1991). What does language testing have to offer? *TESOL Quarterly, 25*(4), 671-704.

Bachman, L. F. & Palmer. A. S. (1981). The construct validation of some components of communicative proficiency. *Language Learning, 31*(1), 67-86.

Bachman, L. F. & Palmer. A. S. (1983). *Oral interview test of communicative proficiency in English.* Urbana, ILL: Photo-offset.

Bachman, L. F. & Savignon, S. J. (1986). The evaluation of communicative language proficiency: A critique of the ACTFL oral interview. *The Modern Language Journal, 70*(4), 380-390.

Bacon, S. M. & Finnemann, M. D. (1990). A study of the attitude, motives, and strategies of university foreign language students and their disposition to authentic oral and written input. *Modern Language Journal, 74*(4), 459-473.

Bailey, K. M. (1998). *Learning about language assessment: Dilemmas, decisions, and directions.* New York, NY: Heinle & Heinle Publishers.

Brown, H. D. (1994). *Teaching by principles. Englewood Cliffs*, NJ: Prentice Hall Regents.

Brown, J. D. & Hudson, T. (1998). The alternatives in language assessment. *TESOL Quarterly, 32*(4), 653-675.

Brown, G. & Yule, G. (1983). *Teaching the spoken language.* Cambridge: Cambridge University Press.

Burt, M., Dulay, H., & Hernandez-Chavez, E. (1975). *Bilingual syntax measure*. New York: Harcourt, Brace.

Burton, S. J., Sudweeks, R. R., Merrill, P. F., & Wood, B. (1991). *How to prepare better multiple-choice test items: Guidelines for university faculty*. Provo: UT. Brigham Young University Testing Services.

Canale, M. (1983). On some dimensions of language proficiency. In J. W. Oller (Ed.), *Issues in language testing* (pp. 333-342). Rowley, MA: Newbury House.

Canale, M. & Swain, M. (1980). Theoretical bases of communicative approaches to second language teaching and testing. *Applied Linguistics, 1*, 1-47.

Carroll, B. J. (1983). Issues in the testing of language for specific purposes. In A. Hughes & D. Porter (Eds.), *Current development in language testing* (pp. 109-114). London: Academic Press.

Chiang, S. Y. (1999). Assessing grammatical and textual features in L2 writing samples: The case of French as a foreign language. *The Modern Language Journal, 83*, 219-232.

Clark, J. L. D. (1975). Theoretical and technical considerations in oral proficiency testing. In R. L. Jones & B. Spolsky (Eds.), *Testing Language Proficiency* (pp. 10-28). Arlington, VA: Center for Applied Linguistics.

Cummins, J. P. (1983). Language proficiency and academic achievement. In J. W. Oller, Jr., *Issues in language testing research* (pp. 108-126). Rowley, MS: Newbury House.

Dubin, F. & Olshtain, E. (1986). *Course design*. Cambridge: Cambridge University Press.

Ely, C. M. (1988). Personality: Its impact on attitudes toward classroom activities. *Foreign Language Annals, 21*(1), 25-32.

Fischer, R. A. (1981). Measuring linguistic competence in a foreign language. *IRAL, 19*(3), 207-217.

Foss, K. A. & Reitzel, A. C. (1988). A relational model for managing second language anxiety. *TESOL Quarterly*, *22*(3), 437–454.

Frary, R. B. (2002). More multiple-choice item writing: do's and don'ts. In L. M. Rudner & W. D. Schafer (Eds.), *What teachers need to know about assessment* (pp. 75–80). National Education Association of the United States.

Ganschow, L., Javorshy, J., Sparks, R. L., Skinner, S., Anderson, R., & Patton, J. (1994). Differences in language performance among high-, average-, and low-anxious college foreign language learners. *The Modern Language Journal*, *78*(1), 41–55.

Genesee, F. & Upshur, J. A. (1996). *Classroom-based evaluation in second language education.* Cambridge: Cambridge University Press.

Gradman, H. L. & Hanania, E. (1991). Language learning background factors and ESL proficiency. *The Modern Language Journal*, *75*(1), 38–51.

Heaton, J. B. (1990). *Classroom testing.* New York, NY: Longman.

Holliday, A. (1994). *Appropriate methodology and social context.* Cambridge: Cambridge University Press.

Huerta-Macías, A. (2002). Alternative assessment: Responses to commonly asked questions. In J. C. Richards & W. A. Renandya (Eds.), *Methodology in language teaching* (pp. 338–343). Cambridge: Cambridge University Press.

Hughes, A. (1989). *Testing for language teachers.* Cambridge: Cambridge University Press.

Jones, R. (1977). Testing: a vital connection. In June Phillips (Ed.), *The language connection: From the classroom to the world* (pp. 237–265). Skokie, IL.: National textbook Co.

Kehoe, J. (2002). Writing multiple-choice test items. In L. M. Rudner & W. D. Schafer (Eds.), *What teachers need to know about assessment* (pp. 69–74). National Education Association of the United States.

Keitges, D. J. (1987). Language proficiency interview testing: An overview. In Michael

H. Long & Jack C. Richards. (Eds.), *Methodology in TESOL* (pp. 395-411). Singapore: Harper & Row Publishers.

Kim, S.-A. (2009). An Analysis of the Multiple-Choice Test Items Constructed by Middle School English Teachers. *Korean Journal of Applied Linguistics, 25*(2), 143-169.

Kim, S.-A. (2010). An investigation of how texts are used in middle school English tests. *English Language Teaching, 22*(2), 157-178.

Kim, S.-A. (2013). Performance Evaluation in Task-based Language Teaching. *English Language Teaching, 25*(4), 21-45.

Kirschner, M., Spector-Cohen, E., & Wexler, C. (1996). A teacher education workshop on the construction of EFL tests and materials. *TESOL Quarterly, 30*(1), 85-101.

Klein-Braley, C. & Raatz, U. (1984). A survey of research on the C-test. *Language Testing, 1*, 134-146.

Krashen, S. D. (1981). *Second language acquisition and second language learning.* Oxford: Pergamon Press.

Lado, R. (1961). *Language testing.* London: Longman.

Lantolf, J. P. & Frawley, W. (1988). Proficiency: Understanding the construct. *SSLA, 10*, 181-195.

Liskin-Gasparo, J. E. (1984). Practical considerations in receptive testing. *Foreign Language Annals, 17*(4), 369-373.

Magnan, S. S. (1986). Assessing speaking proficiency in the undergraduate curriculum: Data from French. *Foreign Language Annals, 19*(5), 429-438.

Mantle-Bromley, C. (1995). Positive attitudes and realistic beliefs: Links to proficiency. *The Modern Language Journal, 79*(3), 372-386.

McDonald, M. E. (2006). Systematic assessment of learning outcomes: developing multiple-choice exams. Sudbury, MA: Jones and Bartlett Publishers, Inc.

McMillan, J. H. (2002). Fundamental assessment principles for teachers and school administrators. In L. M. Rudner & W. D. Schafer (Eds.), *What teachers need to know about assessment* (pp. 6-12). National Education Association of the United States.

Moody, R. (1988). Personality Preferences and Foreign Language Learning. *The Modern Language Journal, 72*(4), 389-401.

Morrow, K. R. (1979). Communicative language testing: Revolution or evolution? In C. Brumfit and K. Johnson (Eds.), *The communicative approach to language teaching* (pp. 143-157). London: Oxford University Press.

Muyskens, J. A. (1984). Preservice and inservice teacher training: Focus on proficiency. In Theodore V. Higgs (Ed.), *Teaching for proficiency, the organizing principle* (pp. 179-200). National Textbook Company, IL, U.S.A.

Naiman, N., Frohlich, M., Stern, H. H., & Todesco, A. (1978). *The good language learner.* Toronto: Ontario Institute for Studies in Education.

Nunan, D. (1989). *Designing tasks for the communicative classroom.* Cambridge: Cambridge University Press.

Oller, Jr., J. W. (1973). Cloze tests of second language proficiency and what they measure. *Language Learning, 23*(1), 105-118.

Oller, Jr., J. W. (1979). *Language testing at school: A pragmatic approach.* New York: Longman.

Oller, Jr., J. W. (1980). A comment on specific variance versus global variance in certain EFL tests. *TESOL Quarterly, 14*(4), 527-530.

Oller, Jr., J. W. (1983). A consensus for the eighties? In J. W. Oller, Jr. (Ed.), *Issues in language testing research* (pp. 351-356). Rowley, MA: Newbury House.

Oller, Jr., J. W. & Perkins, K. (1980). *Research in language testing.* Rowley, MA: Newbury House.

Oxford, R. (1990). *Language learning strategies: What every teacher should know.* New York.

Newbury House Publishers.

Phillips, E. M. (1992). The effects of language anxiety on students oral test performance and attitudes. *The Modern Language Journal. 76*(1), 14-26.

Pino, B. G. (1989). Prochievement testing of speaking. *Foreign Language Annals, 22*(5), 487-496.

Polizer, R. L. & McGroarty, M. (1983). A discrete point test of communicative competence. *IRAL, 21*(3), 179-191.

Roberts, L. P. (1992). Attitudes of entering university freshmen toward foreign language study: A descriptive analysis. *The Modern Language Journal, 76*(3), 275-283.

Robison, R. E. (1992). Developing practical speaking tests for the foreign language classroom: A small group approach. *Foreign Language Annals, 25*(6), 487-495.

Rubin, J. (1975). What "good language learner" can teach us. *TESOL Quarterly, 17*, 219-239.

Rudner, L. M. & Schafer, W. D. (2002). Testing and teaching. In L. M. Rudner & W. D. Schafer (Eds.), *What teachers need to know about assessment* (pp. 3-5). National Education Association of the United States.

Schulz, R. A. (1986). From achievement to proficiency through classroom instruction: Some caveats. *The Modern Language Journal, 70*(4), 373-379.

Shohamy, E. (1982). Affective considerations in language testing. *Modern Language Journal, 66*(1), 13-17.

Shohamy, E. (1983). The stability of oral proficiency assessment on the oral interview testing procedures. *Language Learning, 33*(4), 527-539.

Stitsworth, M. H. (1988). The relationship between previous foreign language study and personality change in youth exchange participants. *Foreign Language Annals, 21*(2), 131-137.

Strevens, P. D. (1987). The nature of language teaching. In Michael H. Long & Jack C. Richards (Eds.), *Methodology in TESOL* (pp. 10-25). Rowley, MA: Newbury House.

Swaffer, J. K., Arens, K., & Morgan, M. (1982). Teacher classroom practices: Redefining method as task hierarchy. *Modern Language Journal, 66*(1), 24-33.

Swan, M. (1985). A critical look at the communicative approach. *ELT Journal, 39*(1), 2-12.

Tardif, C. & Weber, S. (1987). French immersion research: A call for new perspectives. The Canadian *Modern Language Review, 44*(1), 67-77.

Taylor, W. L. (1953). Cloze procedure: A new tool for measuring readability. *Journalism Quarterly, 30*, 414-438.

Underhill, N. (1987). *Testing spoken English.* cambridge: Cambridge University Press.

Weir, C. J. (1990). *Communicative language testing.* Englewood Cliffs, NY: Prentice Hall.

Wesche, M. B. (1981). Communicative testing in a second language. *Canadian Modern Language Review, 37*(3), 551-571.

Wesche, M. B. (1987). Second language performance testing: The Ontario Test of ESL as an example. *Language Testing, 4*(1), 28-47.

Woods, A. & Baker, R. (1985). Item response theory. *Language Testing, 2*, 119-140.

Yalden, J. (1987). *Principles of course design for language teaching.* Cambridge: Cambridge University Press.

Young, R. (1995). Conversational styles in language proficiency interviews. *Language Learning, 45*(1), 3-42.

부록

<부록 A> 과제와 응답 방식에 따른 평가 문항 분류

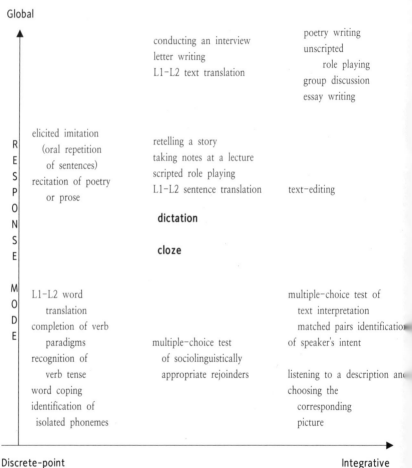

Classification of Sample Test Items according to Task & Response Mode

Global

R
E
S
P
O
N
S
E

M
O
D
E

conducting an interview
letter writing
L1-L2 text translation

poetry writing
unscripted
role playing
group discussion
essay writing

elicited imitation
(oral repetition
of sentences)
recitation of poetry
or prose

retelling a story
taking notes at a lecture
scripted role playing
L1-L2 sentence translation

text-editing

dictation

cloze

L1-L2 word
translation
completion of verb
paradigms
recognition of
verb tense
word coping
identification of
isolated phonemes

multiple-choice test
of sociolinguistically
appropriate rejoinders

multiple-choice test of
text interpretation
matched pairs identification
of speaker's intent

listening to a description and
choosing the
corresponding
picture

Discrete-point   Integrative

TASK

<부록 B> 총체적 언어 능숙도 채점의 예

FSI Absolute Oral Proficiency Ratings

All the ratings except the S-5 may be modified by a plus (+), indicating that proficiency substantially exceeds the minimum requirements for the level involved but falls short of those for the next higher level.

Elementary proficiency

S-1 *Able to satisfy routine travel needs and minimum courtesy requirements.* Can ask and answer questions on very familiar topics; within the scope of very limited language experience can understand simple questions and statements, allowing for slowed speech, repetition or paraphrase; speaking vocabulary inadequate to express anything but the most elementary needs; errors in pronunciation and grammar are frequent, but can be understood by a native speaker used to dealing with foreigners attempting to speak the language; while topics which are "very familiar" and elementary needs vary considerably from individual to individual, any person at the S-1 level should be able to order meal, ask for shelter or lodging, ask for and give simple directions, make purchases, and tell time.

Limited working proficiency

S-2 *Able to satisfy routine social demands and limited work requirements.* Can handle with confidence but not with facility most social situations including introductions and causal conversations about current events, as well as work, family, and autobiographical information; can handle limited work requirements, needing help in handling any complications or difficulties; can get the gist of most conversations on nontechnical subjects (i.e. topics which require no special knowledge) and has a speaking vocabulary sufficient to respond simply with some circumlocutions; accent, though often quite faulty, is intelligible; can usually handle elementary constructions quite accurately but does not have thorough or confident control of the grammar.

Professional proficiency

S-3 *Able to speak the language with sufficient structural accuracy and vocabulary to participate effectively in most formal and informal conversations on practical, social, and professional topics.* Can discuss particular interests and special fields of competence with reasonable ease; comprehension is quite complete for a normal rate of speech, vocabulary is broad enough that he rarely has to grope for a word; accent may be obviously foreign; control of grammar good; errors never interfere with understanding and rarely disturb the native speaker.

Distinguished proficiency

S-4 *Able to use the language fluently and accurately on all levels normally pertinent to professional needs.* Can understand and participate in any conversation within the range of own personal and professional experience with a high degree of fluency and precision of vocabulary; would rarely be taken for a native speaker, but can respond appropriately even in unfamiliar situations; errors of pronunciation and grammar quite rare; can handle informal interpreting from and into the language.

Native or bilingual proficiency

S-5 *Speaking proficiency equivalent to that of an educated native speaker.* Has complete fluency in the language such that speech on all levels is fully accepted by educated native speakers in all of its features, including breadth of vocabulary and idioms, colloquialisms, and pertinent cultural references.

<부록 C> 정상분포곡선 면적 표

z	.00	.01	.02	.03	.04	.05	.06	.07	.08	.09
0.0	.0000	.0040	.0080	.0120	.0160	.0199	.0239	.0279	.0319	.0359
0.1	.0398	.0438	.0478	.0517	.0557	.0596	.0636	.0675	.0714	.0753
0.2	.0793	.0832	.0871	.0910	.0948	.0987	.1026	.1064	.1103	.1141
0.3	.1179	.1217	.1255	.1293	.1331	.1368	.1406	.1443	.1480	.1517
0.4	.1554	.1591	.1628	.1664	.1700	.1736	.1772	.1808	.1844	.1879
0.5	.1915	.1950	.1985	.2019	.2054	.2088	.2123	.2157	.2190	.2224
0.6	.2257	.2291	.2324	.2357	.2389	.2422	.2454	.2486	.2517	.2549
0.7	.2580	.2611	.2642	.2673	.2704	.2734	.2764	.2794	.2823	.2852
0.8	.2881	.2910	.2939	.2967	.2995	.3023	.3051	.3078	.3106	.3133
0.9	.3159	.3186	.3212	.3238	.3264	.3289	.3315	.3340	.3365	.3389
1.0	.3413	.3438	.3461	.3485	.3508	.3531	.3554	.3577	.3599	.3621
1.1	.3643	.3665	.3686	.3708	.3729	.3749	.3770	.3790	.3810	.3830
1.2	.3849	.3869	.3888	.3907	.3925	.3944	.3962	.3980	.3997	.4015
1.3	.4032	.4049	.4066	.4082	.4099	.4115	.4131	.4147	.4162	.4177
1.4	.4192	.4207	.4222	.4236	.4251	.4265	.4279	.4292	.4306	.4319
1.5	.4332	.4345	.4357	.4370	.4382	.4394	.4406	.4418	.4429	.4441
1.6	.4452	.4463	.4474	.4484	.4495	.4505	.4515	.4525	.4535	.4545
1.7	.4554	.4564	.4573	.4582	.4591	.4599	.4608	.4616	.4625	.4633
1.8	.4641	.4649	.4656	.4664	.4671	.4678	.4686	.4693	.4699	.4706
1.9	.4713	.4719	.4726	.4732	.4738	.4744	.4750	.4756	.4761	.4767
2.0	.4772	.4778	.4783	.4788	.4793	.4798	.4803	.4808	.4812	.4817
2.1	.4821	.4826	.4830	.4834	.4838	.4842	.4846	.4850	.4854	.4857
2.2	.4861	.4864	.4868	.4871	.4875	.4878	.4881	.4884	.4887	.4890
2.3	.4893	.4896	.4898	.4901	.4904	.4906	.4909	.4911	.4913	.4916
2.4	.4918	.4920	.4922	.4925	.4927	.4929	.4931	.4932	.4934	.4936
2.5	.4938	.4940	.4941	.4943	.4945	.4946	.4948	.4949	.4951	.4952
2.6	.4953	.4955	.4956	.4957	.4959	.4960	.4961	.4962	.4963	.4964
2.7	.4965	.4966	.4967	.4968	.4969	.4970	.4971	.4972	.4973	.4974
2.8	.4974	.4975	.4976	.4977	.4977	.4978	.4979	.4979	.4980	.4981
2.9	.4981	.4982	.4982	.4983	.4984	.4984	.4985	.4985	.4986	.4986
3.0	.4987	.4987	.4987	.4988	.4988	.4989	.4989	.4989	.4990	.4990

z= 4.0, 5.0, 6.0일 경우 면적은 각각 0.49997, 0.499997, 0.499999999에 해당한다.

<부록 D> 쓰기 결과물의 일관성과 응집력 평가의 예

(출처: Chiang, S. Y. (1999). Assessing grammatical and textual features in L2 writing samples: The case of French as a foreign language. *The Modern Language Journal, 83*, 219-232.)

Please circle the number that reflects the degree to which you agree with the statement about the essay. Circle NA (Not Applicable) when insufficient or no information is available concerning the particular feature.

5 = Strongly Agree 4 = Agree 3 = Undecided
2 = Disagree   1 = Strongly Disagree

COHERENCE		
5 4 3 2 1	NA (a)	The beginning section is effective in introducing the reader to the subject.
5 4 3 2 1	NA (b)	The ideas in the essay are very relevant to the topic.
5 4 3 2 1	NA (c)	The ideas in the essay are well-related one to another.
5 4 3 2 1	NA (d)	The causal relationship between ideas is clear.
5 4 3 2 1	NA (e)	Problem statements are followed up by responses/solutions.
5 4 3 2 1	NA (f)	Different ideas are effectively compared/ contrasted.
5 4 3 2 1	NA (g)	Ideas mentioned are elaborated.
5 4 3 2 1	NA (h)	The writer's overall point of view is clear.
5 4 3 2 1	NA (i)	The division of paragraphs is justifiable in terms of content relevance.
5 4 3 2 1	NA (j)	Transition between paragraphs is smooth.
5 4 3 2 1	NA (k)	The ending gives the reader a definite sense of closure.

COHESION

5 4 3 2 1	NA (a)	The exact same vocabulary/expressions/structures are repeated consistently.
5 4 3 2 1	NA (b)	Equivalent words/paraphrases, when used, are used appropriately.
5 4 3 2 1	NA (c)	Pronouns of reference are used appropriately and accurately.
5 4 3 2 1	NA (d)	Ellipsis is used where needed.
5 4 3 2 1	NA (e)	Junction words are used judiciously and accurately.
5 4 3 2 1	NA (f)	Where no junction words are used, transition between sentences is smooth.
5 4 3 2 1	NA (g)	New information is introduced in an appropriate place or manner.
5 4 3 2 1	NA (h)	Examples are introduced judiciously, not just to form an exhaustive list.
5 4 3 2 1	NA (i)	Punctuation is employed appropriately to separate ideas and sentences.

<부록 E> 통계의 기초

(출처: 이학식, 김영. (2002). 『초급자를 위한 한글 SPSS 10.0 가이드』. 서울: 법문사.)

1. 통계학의 종류와 기본 용어

1) 기술통계학과 추리(계)통계학

기술통계학(descriptive statistics)이란 통계자료를 적절한 방법으로 요약하고 특성을 기술하는 것을 뜻한다. 이를 위해서 그림이나 도표로 전체 자료의 특성을 나타내기도 하여 평균이나 분산 같은 측정치로 나타내기도 한다. 반면에 추리(계)통계학(inferential statistics)은 모집단으로부터 얻어진 표본을 이용하여 표본의 특성으로부터 모집단의 특성을 추론한다.

통계적 방법론은 통계자료의 수집이나 계산과정보다는 그것을 어떻게 이용하는가에 관심을 두고 있다. 기술통계학과 추리통계학은 상호 배치되는 개념이 아니며, 오히려 서로 보완적인 것임을 유의하여야 한다. 예를 들어서 특정 TV 프로그램의 시청률을 조사한다고 하자. 각 지방마다 1,000명씩 표본 추출하여 그 프로그램의 시청여부를 기록, 계산하면 지방별 또는 전국의 평균 시청률을 알 수 있다. 이것은 기술통계학에 속한다. 그런데 이 표본치의 특성치를 이용하여 TV를 가지고 있는 우리나라 전체 가구의 시청률을 추론하여 일반화할 수 있는데, 이 과정은 추리통계학에 속한다. 여기에서 보는 바와 같이 통계적 분석 방법은 먼저 자료를 수집, 정리, 해석하며 다음 단계로 표본에서 얻은 특성치를 기초로 하여 모집단을 추론하므로 두 가지 방법론은 서로 보완적임을 알 수 있다.

오늘날 통계적 방법의 주류는 추리통계학이다. 수집된 자료를 단순히 기술하는 것보다는 표본에서 얻어진 특성을 규명하는 데 더 중점을 두고 있기 때문이다. 특히 문제 해결을 위해서 모집단 전체를 분석하려면 막대한 시간과 경비가 들게 된다. 그뿐만 아니라 어떤 모집단은 그 대상개념이 확실하지만 조사가 불가능한 경우도 있다. 이러한 경우에 표본을 추출하여 모집단의 특성을 규명하는 것이 올바른 방법일 것이다.

비록 추리통계학이 통계적 방법론의 많은 부분을 차지하고 있다 하더라도 자료의 기초적인 기술은 절대적이다. 주어진 자료를 도표 또는 그림으로 이해하는 편이 훨씬 수월할 때가 많기 때문이다.

2. 자료(data)의 성격

자료는 사람, 물체, 조건 또는 상황을 묘사하는 상징으로서 수량, 시간, 금액, 비율, 이름, 장소 등을 포함하는 기본적인 사실들의 집합이다. 연구목적을 원활히 수행하기 위해서는 수집된 자료가 적절한지 여부를 확인하여야 한다. 연구에 적절하지 못한 자료를 수집한다든지 또는 필요 이상의 과다한 양을 수집한다는 것은 현명하지 못하다. 따라서 적절한 자료를 수집하기 위해서는 연구대상을 명확히 설정하여야 한다.

3. 모집단과 표본

모집단(population or universe)이란 연구자의 조사 대상이 되는 전체 측정치의 집합이다. 표본(sample)은 조사 대상이 되는 모집단의 일부 측정치를 뜻한다. 예를 들어 어떤 새로운 교수법의 효과를 알아보기 위해 어느 중학교 2학년 학생 두 학급을 대상으로 실험을 한다고 할 때, 이 실험에 참여하는 두 학급의 학생들은 우리나라 전체 중학교 2학년 학생들이라는 모집단을 대표하는 표본에 해당한다. 따라서 이 표본을 대상으로 한 실험 결과는 전체 모집단에 대한 결과로 일반화하여 해석을 한다. 물론 그러기 위해서는 이때 실험에 참여한 학생들 집단이 모집단을 대표할 수 있도록 표본 선정이 잘 되어야 할 것이다.

4. 구인과 변수

구인(construct)은 넓은 의미에서 변수(variable)에 속하나, 변수들 중 추상적인 성격이 강한 변수를 특별히 구인이라고 부른다. 이는 개인의 내면적 심리적 특성과 관련된 경우가 많다. 이는 직접관찰이 불가능하며 측정도구를 이용하여 간접적으로 추정할 수 있을 뿐이다. 다시 말하자면, 비록 측정이라는 말을 사용하긴 하지만 엄격히 말하면 측정도구를 이용하여 구인의 실제 값을 우리는 추정할 수 있을 뿐이다. 예를 들면 영어에 대한 태도나 흥미도, 영어 능숙도 등도 모두 구인에 해당한다. 구체적 변수는 객관적인 측정도구에 의해 측정되지만, 추상적 구인을 측정하기 위한 객관적인 측정도구는 존재하지 않는다. 여기서 객관적인 측정도구란 한 사회에서 제도적으로 정한 것으로 조사자와 응답자, 그리고 자료 이용자들이 공통적으로 수용함을 의미한다. 영어 능숙도를 측정하기 위한 다양한 평가 방법들이 있긴 하지만 모두가 인정하고 제도적으로 정해진 객관적인 평가 방법은 없다는 것은 바로 영어 능숙도가 추상적인 구인에 해당하기 때문이다.

5. 변수의 종류

1) 독립변수

독립변수(independent variable)란 어떤 변수들 간의 관계에서 원인이 되어 다른 변수에 영향을 미치는 변수를 말하며, 실험에 의한 조사의 경우 조사자에 의하여 조작되는 변수를 말한다. 예를 들어 새로운 영어 교수법의 효과를 검증하기 위해 두 집단에게 각각 새로운 교수법과 전통적인 교수법을 적용하여 교육을 한 후 평가를 실시했다고 하자. 이 실험에서는 교수법이 독립변수가 된다.

2) 종속변수

종속변수(dependent variable)란 독립변수 값의 변화에 따라 그 값이 변화하는 변수를 의미한다. 위의 예에서 독립변수인 교수법에 따라 평가에서의 학생들 성적이 달라졌다고 하면 종속변수는 바로 이 성적이 되는 것이다.

3) 외생변수

외생변수(extraneous variables)는 종속변수에 영향을 미칠 수 있으나 연구모형에서 독립변수로 설정되지 않은 변수를 지칭한다. 위의 예에서 교수법에 따라 학생들의 성적이 달라지는지를 조사하는 경우, 교수법 외에 학생들의 성적에 영향을 미칠 수 있는 요인들이 외생변수에 해당한다. 독립변수인 교수법의 순수한 영향력을 조사하기 위해서는 외생변수는 통제되어야 한다. 실험 설계 시 가급적 외생변수를 통제해야겠지만 현실적으로 모든 외생변수를 완전히 통제한다는 것은 거의 불가능하다.

6. 내적타당도와 외적타당도

변수와 관련하여 여기서 실험의 내적타당도와 외적타당도에 대해 간단히 설명하고자 한다. 내적타당도(internal validity)란 실험에서 나타난 결과가 실험에서 가정한 원인 즉, 독립변수(independent variable) 때문인지 아니면 실험에서 가정하지 않은 외생변수가 작용하였는지를 설명하는 정도를 말한다. 내적타당도의 저해 요인에는 여러 가지가 있을 수 있는데, 예를 들면 연구조사 과정에 우연한 외부사건이 일어났을 경우(History), 성숙 또는 시간의 경과로 인하여 결과에 변화가 일어났을 경우(Maturation or the passage of time), 실질적인 개선 없이도 검사과정에서 점수가 높아지는 경우(Testing), 사전, 사후 검사의 척도가 달라서 결과가 달라지는 경우(Instrumentation), 실험과정에서 실험 대상자를 탈락시킴으로써 결과에 영향을 주는 경우(Experimental mortality), 자발적인 참여를 하는 사람들의 집단과 그렇지 않은 사람들로 구성된 집단을 비교하는 경우(Selection bias) 등이 여기에 해당한다.

외적타당도(external validity)란 연구 결과를 얼마나 일반화할 수 있는가를 나타낸다. 다시 말해서 연구에서 얻은 결과를 보다 많은 상황과 사람들에게 적용시킬 수 있는 정도를 말한다. 만약 특정 연구의 결과가 다른 연구들에 의해서도 반복적으로 증명된다면 그 연구는 외적타당도가 높은 설계라고 할 수 있을 것이다. 이러한 외적타당도에도 저해 요인들이 있는데, 예를 들면 표본의 대표성이 결여되었다거나, 조사에 참여한 대상자가 조사에 대해 지나치게 인식하거나 민감하여 조사 결과 영향을 미쳤을 경우, 또는 환경이나 상황이 조사 결과에 영향을 미쳤을 경우 등이다.

7. 연구가설

〈연구가설 보기 1〉

사교육비와 영어성적은 독립적이지 않다.
(사교육비에 따라 영어성적이 다르다.)

Ho: 사교육비와 영어성적은 독립적이다. (사교육비에 따라 영어성적이 다르지 않다.)

H1: 사교육비와 영어성적은 독립적이지 않다. (사교육비에 따라 영어성적이 다르다.)

〈연구가설 보기 2〉

학생들이 영어 학습에 투자하는 시간이 많을수록 영어성적은 높을 것이다.

Ho: 학생들이 영어 학습에 투자하는 시간이 많을수록 영어성적이 높은 것
    은 아니다.
H1: 학생들이 영어 학습에 투자하는 시간이 많을수록 영어성적은 높을 것
    이다.

위의 연구가설 보기들에서 Ho를 귀무가설 또는 영가설이라고 하
고 H1을 대립가설이라고 하는데, 연구가설이 옳다는 것을 입증하기
위해서는 귀무가설이 기각되고 대립가설이 지지되어야 한다. 귀무가
설이 기각되기 위해서는 통계분석 결과 나온 유의확률(또는 유의도:
p-value)이 설정한 유의수준(α)보다 작게 나와야 한다. 크게 나오면 귀
무가설이 기각되지 못하고 지지된다는 의미이다.

8. 설문지(질문지, Questionnaire)법

설문지는 많은 아동이나 학생을 대상으로 단시간에 일제히 실시할
수 있을 뿐 아니라, 그 결과를 비교적 신속하게 기계적으로 처리할
수 있다. 또한 면밀한 정의적 특성의 측정을 위한 예비적 탐색으로서
의 이점이 있기 때문에 널리 사용되고 있는 편이다. 이런 이유 때문
에 인성진단이나 연구에 경험이 적은 초보자들이 '쉽고 빠르게' 어떤
문제에 대한 해답을 얻기 위해서 조급하게 설문지법을 사용하는 폐

단도 적지 않다. 그래서 흔히들 설문지를 '게으름뱅이의 방법(lazy man's way)' 혹은 '안락의자의 방법(arm-chair technique)'이라고 칭한다. 하지만 신중한 절차를 거쳐 만드는 설문지는 만들기도 쉽지 않거니와 게으름을 피우는 손쉬운 방법도 아니다.

1) 설문지의 용도

설문지의 용도는 크게 두 가지로 나눌 수 있는데, 첫째, 사실 발견에 관한 질문으로서 주로 응답자의 생활 배경에 관한 사실(예: 부모의 직업, 가족 수, 수입, 주거지 등)을 물을 때와 둘째, 의견, 판단, 태도, 감정과 같은 자아의 심층적 심리가 깊이 개입된 내용(예: 학교 수업에 대한 태도, 선생님에 대한 감정, 영어수업의 효율성 판단 등)을 물을 때이다. 이들 용도 중 기술적 노력이 더 들고 제작하기도 어렵고 반응의 수집에 곤란을 느끼는 것은 후자의 경우이다.

2) 설문지 작성 시 유의점

설문지 작성에서 가장 중요한 일은 획득하고자 하는 정보와 관련하여 적절한 정보를 개발하는 일이다. 여기서 특히 강조할 점은 설문지를 만들 때는 언제나 분석 방법을 동시에 생각해야 한다는 점이다. 분석 방법에 대한 생각 없이 만들어진 질문들로 구성된 설문지로써 수집된 자료로부터는 대개의 경우 의미 있는 정보를 도출해낼 수 없다. 설문지 작성에 미숙한 사람일수록 질문을 하위 척도로 만드는 경우가 흔하다. 하위 척도로 만들어진 질문인 경우 사용할 수 있는 통계방법이 제한된다. 따라서 분명한 이유가 없는 한 상위 척도로 질문을 만드는 것이 안전하다고 할 수 있다.

3) 설문지법의 장단점

설문지법은 다음과 같은 장단점이 있다.

(1) 장점

첫째, 다른 방법에 비해 적은 인적 자원으로 많은 자료를 단시간에 얻을 수 있다. 뿐만 아니라 설문지는 다른 방법에 비해 요구하는 전문적 지식이나 기술이 간단하기 때문에 쉽게 대중화되고 보편화된다.

둘째, 질문자와 응답자의 관계가 비교적 원만히 이루어질 수 있다. 면접이나 관찰에서는 조사자가 직접 대면하기 때문에 그의 존재가 피험자에게 커다란 영향을 미쳐 결과가 왜곡, 편파적으로 위험이 많다.

셋째, 자아의 심층 심리가 관련된 정의적 특성은 다른 방법보다 설문지가 효과적이다. 설문지는 자기 자신의 감정이나 정서, 태도를 비교적 구사하기 쉬운 언어를 매개로 하기 때문에, 또 설문지가 대개 '익명'으로 답을 요구하기 때문에 그와 같은 잠재적 행동특성은 다른 방법보다 측정하기 쉽다.

넷째, 개인의 생활 경험이나 묘한 심리적 경험은 관찰이나 면접에 의할 수 없다. 관찰이나 면접은 그 성격상 오래 지속될 수 없을 뿐 아니라 과거의 생활 경험을 묻기 어렵다. 그러나 설문지는 횡단적 방법에 의해 그러한 경향이나 사실을 쉽게 수집할 수 있다는 이점이 있다.

(2) 단점

첫째, 언어능력, 표현능력에 의존하는 바가 크기 때문에 그러한 능력이 신뢰롭지 않으면 질문지의 결과도 믿을 수 없다. 초등학교 저학년일 경우에는 질문지를 사용하더라도 가부의 표시만 하도록 하는 형식을 택하도록 해야 한다.

둘째, 질문지에 나타난 의견이 '거짓'인지 또는 사실에 관한 질문에 '기억의 착오'가 있는지 어떤지를 전혀 확인할 수가 없다. 설문지에 나타난 사실을 그대로 믿고 결과를 처리해야 한다는 맹점이 있다.

셋째, 질문을 확실히 통제할 수 없고 자료를 엄격하게 다룰 수 없다. 다른 방법, 예컨대 관찰법이나 면접법에서는 피험자의 정서적 반응이나 그때의 주위 환경의 조건 등을 해석이나 진단에 고려할 수 있으나, 설문지법에서는 이것이 전혀 불가능하다.

넷째, 설문지는 회수율이 낮을 가능성이 많다. 처음 표본 설계대로 회수되지 않고, 대개는 그 일부분(이 일부분이 대개는 열성 분자의 것일 가능성이 많다)만이 들어오기 때문에 편파적인 표집에서 결론을 내려야 할 위험이 있다. 회수율은 일반적으로 70%이하이고 좀 노력을 해야 80% 정도라고 한다.

4) 설문지 분석 연습

※ 중·고 영어교사들을 상대로 아래 설문지를 이용해 영어로 하는 영어수업(TETE)에 대한 설문조사를 실시하였다.

설문지

⑤ 아주 그렇다　　④ 그렇다　　③ 보통이다/모르겠다　　② 아니다　　① 전혀 아니다.

문항	문항 내용	⑤	④	③	②	①
1	We need the TETE classes.					
2	The TETE classes must be expanded in the future.					

3	Students enjoy the TETE classes more than the regular classes.					
4	We should not employ the English-only policy in the TETE classes.					
5	The TETE classes will help the students improve their English proficiency.					
. .	. .	.	.	.	.	.

그 결과 문항 1-5에 대해 다음과 같은 결과를 얻었다. 각 문항에 대해 두 집단 간 의견 차이가 있는지 t-test로 검증하시오. ($\alpha = .05$)

중·고 영어교사 응답 결과

빈도 문항	고등학교 교사 (60명)					중학교 교사 (48명)				
	⑤	④	③	②	①	⑤	④	③	②	①
1	12	36	10	2	0	7	22	15	4	0
2	14	30	13	3	0	5	27	12	4	0
3	2	14	24	18	2	0	11	17	20	0
4	22	23	10	2	3	23	17	4	4	0
5	16	35	9	0	0	14	26	7	1	0

응답 분석 결과

문항 번호	문항 내용	H.S.		M.S.	
		M	SD	M	SD
1	We need the TETE classes.	3.97	0.71	3.67	0.83
		p = .0464*			
2	The TETE classes must be expanded in the future.	3.87	0.81	3.56	0.80
		p = .0248*			
3	Students enjoy the TETE classes more than the regular classes.	3.92	0.81	3.67	0.78
		p = .1080			
4	We should not employ the English-only policy in the TETE classes.	3.73	0.80	3.35	0.86
		p = .0199*			
5	The TETE classes will help the students improve their English proficiency.	2.93	0.90	2.81	0.79
		p = .4658			

앞의 분석 결과를 보면 두 집단 간에 의견 차이가 있는 항목(1, 2 & 4)도 있고 없는 항목(3 & 5)도 있음을 알 수 있다. 해석은 다음과 같이 할 수 있다. 1번 항목의 경우, 평균을 볼 때 두 집단 모두 평균이 3.0 이상(즉, 3.97 & 3.67)으로 긍정적으로 나왔다. 하지만 p값이 .0464로 유의수준(α=.05)보다 작은 수치이므로 귀무가설(즉, 두 집단 간에는 차이가 없다)이 기각되어 두 집단의 의견에 통계적으로 유의미한 차이가 있다고 해석할 수 있다. 즉, 두 집단 모두 '영어수업을 영어로 가르치는 것'에 대해 긍정적으로 생각하지만 중학교 교사들보다는 고등학교 교사들이 보다 더 긍정적이라고 해석할 수 있다. 2번 항목과 4번 항목도 마찬가지로 해석할 수 있다. 하지만 3번 항목의 경우, 겉으로 드러난 평균 차이(즉, 3.92와 3.67 간의 차이)에도 불구하고 p값이 .1080으로 유의수준(α=.05)보다 큰 수치이므로 귀무가설이 기각될 수 없어 이 평균 차이는 통계적으로 유의미한 차이라고 볼 수 없다. 다시 말하자면 두 집단 모두 '학생들이 일반 영어수업보다 영어로 하는 영어수업을 더 재미있어 할 것'이라는 데 긍정적으로 생각하고 있으며 그 정도에도 차이가 없다는 뜻이다. 한편 항목의 경우, 두 집단 모두 평균이 3.0보다 낮은 수치(즉, 2.93 & 2.81)로 나와 '영어로 하는 영어수업이 학생들의 영어 능숙도를 향상시킬 것이다.'라는 데 대해 부정적인 의견으로 나왔다. 또한 겉으로 나타난 평균 차이에도 불구하고 p값이 .4658로서 유의수준보다 높게 나왔으므로 귀무가설을 기각할 수 없으므로 두 집단 간의 부정적인 의견에 정도 차이가 없다고 해석할 수 있다.

※ 유의수준(α)이란 제1종 오류(귀무가설이 사실일 때, 귀무가설이 기각될 확률)를 범할 확률이며, 일반적으로 0.05, 0.01, 0.001 등이 사용된다. 일반적으로 사회과학에서는 0.05를 가장 많이 사용하고 있다. 어떤 검정에서

유의수준을 0.01에서 0.05로 낮춘다는 것은 귀무가설이 진실임에도 기각할 오류를 더 크게 한다. 유의수준이 0에 가까울수록 귀무가설이 인정될 신뢰구간이 더 커지게 되며, 귀무가설이 사실인데도 불구하고 귀무가설이 기각될 가능성은 점점 더 줄어들게 된다. 따라서 적절한 유의수준은 연구의 목적에 따라서 결정해야 한다. 정밀한 유의수준이 요구될수록 유의수준을 0.05 → 0.01 → 0.001 순으로 높여서 정해야 할 것이다. 다시 말해서 통계 결과에 대해 95%, 99%, 99.9% 순으로 신뢰할 수 있다는 뜻이 된다.

9. 상관관계 분석

변인 간의 관계를 상관(correlation)이라고 하며, 관계성의 정도나 강도를 나타내는 측정치를 상관계수(correlation coefficient)라고 한다. 즉, 상관분석은 한 변수가 커지거나 혹은 작아질 때, 다른 변수가 어떻게 변화하는지 그 변화의 정도와 방향을 살펴보는 통계적 분석 방법이다.

상관계수에는 몇 가지가 있는데, 그 가운데 가장 빈번히 사용되고 있는 것이 피어슨 적률상관계수(Pearson product-moment correlation coefficient)이다. 보통 상관계수라고 하면 이 Pearson 적률상관계수를 의미하는 경우가 많다. 적률상관계수란 두 변인이 등간 변수이거나 비율 변수이고, 두 변인 간의 관계가 직선적이며 각각의 분포가 정규분포를 이룬다는 조건이 성립될 때 적용할 수 있다. 피어슨이 처음 발전시켜 이를 피어슨 적률상관계수라고 부르고, 보통 r로 표시한다.

피어슨 적률상관계수는 변인 X와 변인 Y간의 선형 관계성의 정도를 -1.00 ~ +1.00의 범위의 척도상에서 기술해주는 통계치이다. 상관계수가 0에 가까울수록 변인 간 상관이 낮음을 의미하며, 상관관계가 -1에 가깝다는 것은 역으로 관계가 높다는 뜻이 된다. 즉, 절대값이 1

에 가까울수록 변인 간의 상관관계가 높음을 의미한다. 따라서 이 절 대값(-값을 가질 경우 반비례, +값을 가질 경우 정비례)의 크기가 두 변수 관계성의 강도를 반영한다고 할 수 있다.

피어슨 적률상관계수의 산출은 두 변수 X와 Y의 z값의 곱을 사례 수로 나눈 값 즉, 평균이다. 따라서 평균을 중심으로 점수들이 평균에 서 멀리 떨어져 있을수록 z값의 절대치는 커질 것이며, 더불어 적률 상관계수도 커지게 된다. SPSS 통계프로그램을 이용한 상관관계 분석 의 예를 들면 다음과 같다.

예〉 사교육비 지출과 학교성적 간의 관계를 조사하기 위하여 최근 10개월의 자료를 수집한 결과표

단위: 백만 원

월	1	2	3	4	5	6	7	8	9	10
사교육비	1.2	0.8	1.0	1.3	0.7	0.8	1.0	0.6	0.9	1.1
학교성적	101	92	110	120	90	82	93	75	91	105

〈연구문제〉

사교육비와 학교성적 간에는 상관관계가 있는가?

〈연구가설〉

사교육비와 학교성적 간에는 상관관계가 있다.

H0: 사교육비와 학교성적 간에는 상관관계가 없다.
H1: 사교육비와 학교성적 간에는 상관관계가 있다.

■ SPSS 실행 절차:

〈분석 결과〉

아래 분석 결과에 따르면 광고비와 매출간의 상관계수(r)는 .875로서 유의수준 .01에서 귀무가설은 기각되며, 연구가설은 지지된다. 결론적으로, 사교육비와 학교성적 간에는 관계가 있다고 해석할 수 있다. 즉, 사교육비 지출이 많을수록 학교성적이 향상된다는 의미로 해석할 수 있다.

기술통계량

	평균	표준편차	N
사교육비	.9400	.2221	10
학교성적	95.9000	13.3371	10

상관계수

		사교육비	학교성적
사교육비	Pearson 상관계수	1.000	.875**
	유의확률(양쪽)	.	.001
	N	10	10
학교성적	Pearson 상관계수	.875**	1.000
	유의확률(양쪽)	.001	.
	N	10	10

**. 상관계수는 0.01수준(양쪽)에서 유의합니다.

10. 두 모집단의 평균(차이) 검증

두 집단 간의 관찰된 평균 차이가 실제 실력 차이를 나타내는 결과인지 아니면 우연한 결과로 나온 것이라 무시해도 좋은 것인지를 결정해야 할 때 흔히 t-검정(t-test)을 사용한다. t-검정이란 두 평균 간의 차이가 통계적으로 유의미한 차이인지를 결정하는 데 사용되는 통계처리 방법이다. t-검정을 위해서는 서로 독립된 무작위(random) 선정 표본이 필요하다. 또한 통계적 유의미성을 판단하기 위해서는 유의수준(level of significance: α(알파))을 정하는데, 유의수준 α(알파)에는 0.05, 0.01, 0.001 등이 있으나 일반적으로 많이 쓰이는 것은 0.05이며, 컴퓨터 통계 프로그램에 기본적으로 설정되어 있다. 두 개의 독립모집단 평균 차이 검증에는 두 모집단이 정규분포를 이루며 분산이 같다는 가정하에 t-검정을 실시한다.

〈예〉

영어교실에서 학생들을 가르치는 두 가지 교수법 중 어느 방법이 보다 효과가 있을까? 이를 조사하기 위하여 중학생 18명을 무작위로 두 그룹으로 나누어 각각 A방법과 B방법으로 가르쳤다. 한 학기 후의 영어 성적은 아래 표와 같이 나타났다. 이 자료로부터 두 가지 교수법은 다른 영어성적을 초래한다고 할 수 있는가? 이 경우 각 그룹에 속한 학생들의 영어 능력은 동일하다고 가정한다. (α = .05)

<교수법과 영어성적>

교수법			
A		B	
32	44	35	40
37	35	31	27
35	31	29	32
28	34	25	31
41		34	

이 경우 연구가설은 다음과 같이 설정된다.

<연구가설>

두 가지 교수법에 따른 영어성적에는 차이가 있을 것이다.

가설검증을 위한 귀무가설과 대립가설은 다음과 같이 설정된다.

Ho: $\mu 1 = \mu 2$

H1: $\mu 1 \neq \mu 2$

등분산 가정이 된 경우 양측검증에서 t-value가 1.649이고 p-value(유의확률 또는 유의도)는 .119로 나타나 "Ho: $\mu 1 = \mu 2$"는 $\alpha = .05$에서 기각되지 않는다. 즉, 두 가지 교수법에 따른 영어성적의 차이는 있다고 할 수 없다. 결론적으로, 학생들에 대한 두 가지 교수법에 따른 영어성적에는 차이가 있을 것이라는 연구가설은 지지되지 않았다. 이 경우 만약 대립가설(즉, 연구가설)이 $\mu 1 > \mu 2$ 혹은 $\mu 1 < \mu 2$라면 p-value는 .0595(.119/2)가 된다. 이는 단측검증에서의 p-value는 양측검증에서의 p-value의 1/2이기 때문이다. 따라서 단측검증으로 가설이 설정되

었다면 검증결과는 보다 유의적으로 나타난다.

　※ 가설검정에는 단측검정(one-tailed test)과 양측검정(two-tailed test)이 있다. 이 둘은 기본적으로 같은 검정인데, 단측검정은 비교적 귀무가설이 잘(more) 기각되도록 하는 접근법이며, 양측검정은 귀무가설을 덜(less) 기각되도록 하는 보수적인 접근법이라 할 수 있다. 단측검정과 양측검정은 집단 간에 '어느 한쪽이 더 나으냐 또는 더 못하냐'에 관심이 있는지, 아니면 '차이가 있느냐 없느냐'에 관심이 있는지로 구별할 수 있는데 전자를 단측검정, 후자를 양측검정이라고 한다. 예를 들면 "과제중심 교수법은 학생들의 영어 의사소통능력을 향상시킬 것인가?" 라는 연구가설의 검증은 단측검정에 해당한다. 반면에 "과제중심 교수법은 학생들의 영어 의사소통능력에 영향을 줄 것인가?"라는 연구가설의 검증은 양측검정에 해당한다. '영향을 준다'는 말은 의사소통능력 향상에 도움이 될 수도 있고, 안 될 수도 있다는 양쪽 경우를 모두 포함하기 때문이다.
(*귀무가설: 영가설이라고도 하며 연구가설이 지지되기 위해서는 이 귀무가설이 기각되어야 한다.)

[Excel을 이용한 두 독립모집단 평균 차이 검증 방법]

〈예〉 교수법과 영어성적

교 육 방 법			
A		B	
32	44	35	40
37	35	31	27
35	31	29	32
28	34	25	31
41		34	

〈연구가설〉

학생들에 대한 두 가지 교수법에 따른 영어성적에는 차이가 있을 것이다

〈검증 절차〉

1. Excel 프로그램을 실행시키고 두 집단(A와 B)의 데이터를 입력한다.

	A	B	C	D	E
1	32	35			
2	37	31			
3	35	29			
4	28	25			
5	41	34			
6	44	40			
7	35	27			
8	31	32			
9	34	31			

2. 자료입력을 완료한 후 [삽입]→[함수]→[통계]→[T-TEST]를 선택하면, 다음과 같이 화면에 뜬다.

Array 1

Array 2

Tails

Type

3. 위의 빈 칸에 다음 정보를 입력한다.

Array 1: 첫째 데이터의 집합

Array 2: 둘째 데이터의 집합

Tails: 분포가 단측인지 양측인지 지정하는 숫자

   (단측 분포이면 1을, 양측 분포이면 2를 입력한다.)

Type: 실행할 t-검정의 종류

Type	실행할 검정
1	쌍
2	분산이 같은 두 표본
3	분산이 다른 두 표본

4. 위 데이터 가설 검정의 경우에는 다음과 같이 입력해야 한다.

Array 1에는 A1:A9

Array 2에는 B1:B9

Tails에는 2

Type에는 2

5. 그러면 p-value가 자동으로 나타난다. (0.11854)

※ 0.11854 〉 0.05나 0.01보다 크므로 위의 연구가설은 유의수준 α=.05나 α=.01 어느 쪽을 적용해도 지지되지 못함을 의미한다(연구가설이 지지를 받기 위해서는 유의확률이 유의수준보다 작거나 적어도 같은 수치가 나와야 한다. 이는 귀무가설의 기각을 의미한다).

※ A교수법을 사용한 집단의 평균이 35.22이고 B교수법을 사용한 집단의 평균이 31.56이므로 만약 A교수법이 B교수법보다 더 낫다는 것을 연구자가 주장하고 싶으면 연구가설은 다음과 같이 설정된다.

중학생들에 대한 두 가지 교수법 중 A교수법에 따른 영어성적이 B교수법에 따른 영어성적보다 나을 것이다.

이 경우에는 다음과 같이 입력되어야 한다.

Array 1에는 A1:A9

Array 2에는 B1:B9

Tails에는 1

Type에는 2

그러면 p-value가 0.05926로 나타난다. 따라서 연구가설은 유의수준 $\alpha = .05$나 $\alpha = .01$ 어느 쪽을 적용해도 지지되지 못함을 의미한다. 바꿔 말하자면 귀무가설을 지지한다는 뜻이다. 즉, 두 가지 교수법에 따른 영어성적에는 차이가 없다는 뜻이다.

[SPSS 10.0을 이용한 두 독립모집단 평균 차이 검증 방법]

〈교수법과 영어성적〉

교수법			
A		B	
32	44	35	40
37	35	31	27
35	31	29	32
28	34	25	31
41		34	

〈검증 절차〉

1. 데이터를 입력한다. 이때 교수법 A는 1로 B는 2로 입력해야한다.

그리고 난 후 [변수보기]를 눌러 입력된 데이터의 이름을 설정한다.
(즉, 교육방법, 판매실적)

2. SPSS 프로그램에서 다음을 차례로 누른다.

분석 ⇨ 평균 비교 ⇨ 독립표본 T 검정

3. 화면이 뜨면 [영어성적]을 검정변수로 보내고 [교수법]은 집단변수로 보낸다. 이때 [교수법??]이 뜨면 [집단정의]를 눌러 [지정값 사용]에 집단 1에는 1, 집단 2에는 2를 지정하고 [계속]을 누르면 [집단변수] 칸에 [교수법(1 2)]가 뜬다.

4. [옵션]을 눌러보면 기본적으로 [신뢰구간 95%]가 나와 있고, [분석별 결측값 제외]에 표시가 되어 있는데 이는 본인의 연구에 따라 바꿀 수 있다(예를 들어 α=.01일 경우 신뢰구간을 99%로 바꾼다). 보통의 경우 α=.05로 하기 때문에 손댈 필요가 없다.

5. 검증 결과

		Levene의 등분산 검정		평균의 동일성에 대한 t-검정						
		F	유의확률	t	자유도	유의확률 (양쪽)	평균차	차이의 표준오차	차이의 95% 신뢰구간	
									하한	상한
판매량	등분산이 가정됨	.061	.807	1.649	16	.119	3.6667	2.2229	−1.0457	8.3790
	등분산이 가정되지 않음			1.649	15.844	.119	3.6667	2.2229	−1.0495	8.3828

위 검증 결과표에서 Levene의 등분산검정 결과 유의확률이 .807이 나왔다는 것은 α = .05보다 큰 수치이기 때문에 두 모집단 사이에 차이가 없다고 볼 수 있다는 뜻이다. 즉, 두 모집단이 동질한 집단이라고 가정할 수 있다는 뜻이다. 또한 평균의 동일성에 대한 t-검정 결과 유의확률이 .119로 나왔다는 것도 α = .05보다 큰 수치이기 때문에 두 모집단의 평균 차이가 통계적으로 유의미한 차이가 아니라는 뜻이다. 즉, 겉으로 드러난 두 표본의 평균 차이에도 불구하고 두 표본의 모집단 사이에는 평균 차이가 없다고 해석할 수 있다.

간접 평가	indirect testing
개념	notion
개방적인 체계	open system
객관도	objectivity
객관적 평가	objective testing
거시적 기술	macro skills
검사-재검사 신뢰도	test-retest reliability
경계 효과	boundary effects
경험타당도	empirical validity
고전적측정이론	Traditional measurement theory
공인타당도	concurrent validity
과제	task
과제 전 활동	pre-task activity
과제 활동	task activity
과제 후 활동	post-task activity
관찰 기법	observation technique
관찰치	observed score
9등급척도	stanine
구인타당도	construct validity
구조주의 언어학	structural linguistics
구조주의 학자	structuralist
구조중심 접근법	structural approach
규준	norm
규준지향 평가	norm-referenced test
기능	function
기본적 언어 능숙도	basic language proficiency
기술언어학	descriptive linguistics
내용타당도	content validity
누가백분율점수	cumulative percentage distribution score
능력	competence

능숙도 평가	proficiency test
능숙도지향 성취도 평가	prochievement test
다인 채점	multiple scoring
단답형 질문	short answer question
단일능력 가설	unitary competence hypothesis
담화 능력	discourse competence
대안 평가	alternative assessment
대화체	dialogue
독백체	monologue
동질성	homogeneity
동형검사 신뢰도	equivalent-form reliability
들여쓰기	indentation
등간척도	interval scale
명목척도	nominal scale
모듈이론	modular theory
목표관련 타당도	criterion-referenced validity
목표지향 평가	criterion-referenced evaluation
문법 능력	grammatical competence
문법 중심 접근법	grammatical approach
문제의 도입부	stem (or lead)
문항 난이도	item difficulty
문항내적 합치도	inter-item consistency/internal consistency
문항반응이론	Item response theory
문항 변별도	item discrimination
문항 용이도	item facility
문항타당도	item validity
미시적 기술	micro skills
바닥 효과	floor effect
바꿔 쓰기	paraphrase
반분검사 신뢰도	split-half reliability
받아쓰기	dictation
발화	utterance
배치 평가	placement test
백분율점수	percentage score
백분위점수 규준	percentile score norm
변별도	discriminability

변형 클로즈	rational cloze/modified cloze
변환점수	transformed score
보기	options
분리 가설	divisibility hypothesis
부분적 분리 가설	partial divisibility hypothesis
분리 평가	discrete-point test
분석적 채점	analytic scoring
비용의 효율성	cost effectiveness
비율척도	ratio scale
빈도	frequency
사례 연구	case study
사회언어학적 능력	sociolinguistic competence
상대평가	norm-referenced test
상호작용	interaction
생산적 어휘	productive vocabulary
서열척도	ordinal scale
설문조사	questionnaire
성취도 평가	achievement test
세환효과	washback/backwash
속도 평가	speed test
수용적 어휘	receptive vocabulary
수행	performance
수행 평가	performance test
습득	acquisition
신뢰도	reliability
실용성	practicality
실제성	authenticity
실행가능성	feasibility
심리언어학적	psycholinguistic
심리육체적 기제	psycho-physiological mechanism
심리측정적	psychometric
안면타당도	face validity
언어 기능	language function
언어 능숙도	language proficiency
언어 입력	language input
언어적 능력	linguistic competence

역량 평가	power test
연결어	junction word
연대 나이	chronical age
연령 점수 규준	age score norm
영리함	wiseness
예측 평가	prognostic or predictive tests
예측타당도	predictive validity
오답	distractor
용이성	feasibility
원점수	raw score
유사성	homogeneity
유용성	usefulness
의사소통적 언어 능숙도	communicative language proficiency
응답 방식	response mode
응답타당도	response validity
응답 패턴	pattern of response
이해 가능한 입력	comprehensible input
익숙함	familiarity
인지 지식	recognition knowledge
인지/학문적 언어 능숙도	cognitive/academic language proficiency
잉여적 특성	redundancy feature
자/기준	gauge
자동적 음성언어 능숙도	spontaneous oral communicative proficiency
자유작문	free composition
자율적 언어 능숙도	autonomous language proficiency
자의성	arbitrariness
작문	composition
잠재적 특성 이론	Latent trait measurement theory
적률상관계수	product moment correlation coefficient
적성 평가	aptitude tests
전략적 능력	strategic competence
절대평가	criterion-referenced test
접속사	conjunction
정답	correct option
정답지	scoring key
정보 전환	information transfer

정보 차 활동	information gap activity
정보 찾으며 읽기	scanning
정상분포곡선	normal distribution curve
정상분포곡선 면적	normal distribution area proportions
정신적 나이	mental age
주관적 평가	subjective testing
준거	criterion
준거지향 평가	criterion-referenced test
지능지수환산 점수	I.Q.-Equivalent score
지시문	direction
직접 평가	direct testing/assessment
진단 평가	diagnostic test
진점수	true score
진정성	genuineness
실제 언어	authentic language
참평가	authentic test/assessment
채점자 간 신뢰도	inter-rater/marker/scorer reliability
채점자 간 불일치	intra-rater error variance
채점자 내 불일치	inter-rater error variance
채점자 내 신뢰도	intra-rater reliability
채점자 신뢰도	rater reliability/scorer reliability
척도	scale
천장 효과	ceiling effect
총괄 평가	summative test
총체적 채점	holistic scoring
측정오차	measurement error
타당도	validity
타당도 계수	validity coefficient
텍스트의 진정성	genuineness of texts
통제작문	controlled writing
통합적	integrative
통합적 평가	integrative test
포괄적 평가	global test
포트폴리오평가	portfolio assessment
표본	sample
표본타당도	sampling validity

표준 점수 규준	standard score norm
표준편차	standard deviation
표준화 시험	norm-referenced test
학습	learning
학습수월성	learnability
합격점	cut-off score
행동주의 심리학	behavioristic psychology
형성 평가	formative test
환류효과	washback/backwash
환류효과 타당도	washback validity
효율성	efficiency
획득 점수	obtained score
훑어읽기	skimming

부산대학교 사범대학 영어교육과 졸업 (교육학 학사)

(BA in English Language Education)

부산대학교 교육대학원(영어교육 전공) (교육학 석사)

(MA in English Language Education)

오하이오주립대학교 대학원(영어교육 전공) (교육학 석사)

(MA in TESOL)

오하이오주립대학교 대학원(언어학 전공) (언어학 석사)

(MA in Linguistics)

오하이오주립대학교 대학원(영어교육 전공) (교육학 박사)

(Ph.D. in Language Arts, Literature & Reading)

교사 연수 경력

1. 국민학교 특활영어지도자 일반연수. 부산직할시 교육연수원.
   1994. 12.~1995. 1.

2. 중등영어과 일반연수. 부산직할시 교육연수원. 1994. 12-1995. 1

3. 국민학교 특활영어지도자 일반연수. 부산광역시 교원연수원. 1995. 12.
   26.~1996. 1. 19.

4. 중등영어과 자격연수. 부산광역시 교원연수원. 1995. 7. 28.~1995. 8. 20.

5. 중등영어과 일반연수. 부산광역시 교원연수원. 1996. 1. 9.~1996. 1. 19.

6. 초등 특활영어 지도자연수. 부산광역시 교원연수원. 1995. 12. 26.~1996. 1. 19.

7. 초등교사 영어 일반연수. 부산광역시 교원연수원. 1996. 8. 5.~1996. 8. 28.

8. 중등영어과 1정 자격연수. 부산광역시 교원연수원. 1996. 12. 28.~1997. 1. 28.

9. 초등교사 영어 일반연수. 부산교육대학교. 1997. 7. 25.~1997. 8. 18.

10. 중등영어과 1, 2정 자격연수. 부산광역시 교원연수원. 1997. 7. 25~8. 18.

11. 초등교사 영어 일반연수. 부산교육대학교.1997. 12. 30~1998. 1. 24.

12. 중등영어과 1정 자격연수. 부산광역시 교원연수원. 1998. 7. 24.~1998. 8. 29.

13. 초등교사 영어 일반연수. 부산교육대학교. 1998. 7. 28.~1998. 8. 20.

14. 초등교사 영어 일반연수. 동아대학교. 1998. 7. 27.~1998. 8. 20.

15. 초등교사 영어 심화연수. 동의대학교. 1998. 12. 28.~1999. 1. 21.

16. 초등교사 영어 일반연수. 부산교육대학교. 1998. 12. 29.~1999. 1. 23.

17. 영어 심화연수, 부산대학교 중등연수원. 1999. 7. 26.~1999. 8. 20.

18. 초등교사 영어 심화연수, 부산교육대학교. 1999. 7. 30.~1999. 8. 21.

19. 초등영어 심화연수, 부산대학교 중등연수원. 1999. 12. 29.~2000. 1. 26

20. 초등영어 심화연수, 부산대학교 중등연수원. 2000. 7. 24.~2000. 8. 21.

21. 초등영어 심화 연수, 부산대학교 중등연수원. 2000. 12. 26.~2001. 1. 19.

22. 1999학년도 초등학교 5학년 영어과교육과정 직무연수. 부산광역시 교원
    연수원. 1999. 4. 14.~1999. 5. 4.

23. 1999학년도 고등학교 영어교사 열린교육(수준별) 일반연수. 부산광역시
    교원연수원. 1999. 7. 23.~1999. 8. 4.

24. 1999년도 초등영어 담당교사 특별과정 일반연수. 부산광역시 교원연수원.
    1999. 7. 23.~1999. 8. 4.

25. 초등영어 심화연수. 동의대학교. 2000. 1. 3.~2000. 1. 28.

26. 1999년도 하반기 초등교사 영어 기본연수. 부산교육대학교 부설초등교원
    연수원. 2000. 1. 7.~2000. 1. 29.

27. 1999년도 초등교사 영어 일반연수. 부산교육대학교 부설 초등 교원연수
    원. 2000. 7. 30.~2000. 8. 21.

28. 중등영어과 열린교육 수준별 직무연수. 부산광역시교원연수원. 2000. 4.
    17.~2000. 5. 8.

29. 중등 영어과 1급 정교사 자격연수. 부산광역시교원연수원. 2000. 7.
    24.~2000. 8. 28.

30. 중등영어담당교사 특별과정 직무연수. 부산광역시교원연수원. 2001. 1.
    2.~2001. 1. 12.

31. 중등영어과 1급 정교사 자격연수. 부산광역시교원연수원. 2001. 12.
    26.~2002. 1. 30.

32. 중등교원 1급 정교사 자격연수. 울산광역시 교육연수원. 울산어학원
    2003. 7. 14.~2003. 8. 20.

33. 중등교원 1급 정교사 자격연수. 울산광역시 교육연수원. 울산어학원
    2004. 7. 19.~2004. 8. 21.

1. 강연 제목: 읽기·시청각 교수 학습 개선 (1999. 6. 4.) 제1회 중등영어교사를 위한 영어교수방법개선세미나. 주최 및 장소: 경남외국어고등학교.

2. 강연 제목: Integrating English and Content Areas Study. (2000. 10. 6.) 제2회 중등영어교사를 위한 영어교수방법 개선 세미나. 주최 및 장소: 경남외국어고등학교.

3. 강연 제목: Pedagogical Strategies for Elementary School EFL Teachers. 교수·학습방법 개선을 위한 2003 "수업기술 나누어 갖기" 연중 상설강좌. (2003. 10. 17.) 주최 및 장소: 부산광역시 해운대교육청.

4. 강연 제목: Pedagogical Strategies for Secondary School EFL Teachers. (2003. 11.12.) 주최: 경남중등영어교육연구회. 장소: 김해임호중학교.

5. 강연 제목: Appropriate Pedagogy for the Korean EFL Context: Theory into Practice. (2004. 6. 24.) 주최: 부산중등영어교육분과위원회. 장소: 장영실과학고등학교.

6. 강연 제목: Enhancing Effectiveness through Teacher Awareness. 교수·학습방법 개선을 위한 2004 "수업기술 나누어 갖기" 연중상설강좌. (2004. 9. 17.) 주최 및 장소: 부산광역시 해운대교육청.

7. 강연 제목: Making Classroom Learning More Meaningful. 2005 교실 수업 개선을 위한 워크숍. (2005. 6. 21.) 주최: 부산광역시 해운대교육청. 장소: 반여초등학교.

8. 강연 제목: 고등학교 수업 개선을 위한 교수-학습 세미나. (2005. 12. 19) 주최: 부산대학교 교육연구소 & 부산광역시 교육청. 장소: 부산광역시

교육연수원.

9. 강연 제목: 과학영재학교 교사를 위한 영어강의 노하우: 교실영어. (2010. 1. 21.) 주최 및 장소: 한국과학영재학교.

10. 강연 제목: Developing Oral Communication Skills in the EFL Classroom: A Task-based Approach. (2012. 6. 1.) 주최 및 장소: 부산관광고등학교.